選択式トレーニング問

1 本書の特長

- 豊富な問題数で、社労士試験の重要論点を網羅。
- 最新の改正箇所が一目で分かる 改正 マーク付き。
- 選択式試験問題としての 難易度 を表記することで、学習優先順位を明確にしている。
- 持ち運びやすいＡ５サイズ。
- 左ページに問題、右ページに解答の見開きで構成されており、学習しやすい。(なお、長文の問題については一部構成が異なります。)
- 空欄ごとの習熟度が把握できる空欄別チェック欄付き。
- 解答ページには、出題条文の空欄に解答語句を当てはめ、完成された文章とした「 完成文 」を収載(過去本試験問題を除く)。条文読込みに活用できるほか、解答語句以外の語句についての対策も可能。
- 色文字が機能的に活用されている。
- 平成26年から令和５年までの過去本試験問題を収載。本試験における合格基準点も掲載。(一部、当時のまま出題している問題や改正により改題させていただいた問題もあります。)

2 仕　様

〔1〕 出題問題

科目別講義テキストの内容に対応するオリジナルの予想問題です。
※科目別講義テキストは、資格の大原社労士講座受講生専用教材です。科目別講義テキストのみの販売はしておりません。

〔2〕 形　式

問題を左ページ、解答を右ページとする見開きの構成です。(一部除く。)
また、過去本試験問題においては合格基準点を掲載。
※ 合格基準点 …本試験における合格基準点を表しています。

3 表示の意味

左 問題(左)ページ

❶ 改正項目：問題文見出しの右横に **改正** が付いているものは、改正箇所であることを示しています。

❷ 難易度ランク：難易度は、選択式問題としての難しさの度合いを示したものです。難易度が高い順に、**A・B・C**とランク付けしています。

難易度 A …選択式問題の対策として学習しておかなければ、解答することが難しい問題

難易度 B …**難易度 A** ランクの問題と、**難易度 C** ランクの問題が混在した問題

難易度 C …択一式問題の対策として学習をしておけば、解答しやすい問題

❸ Check欄：Check欄は、問題の習熟度合を図る目安としてご活用下さい。

❹ 選択肢：5空欄に対し、20個の選択肢が設定されています。選択肢は色文字としておりますので、同色のシートを被せることで文字が消えます。これにより「選択肢を見ないで解答を導き出す」というトレーニングを行えます。

右 問題(右)ページ

❺ 完成文：問題文の空欄に解答語句を当てはめた文章です。空欄箇所以外の重要な語句も確認することができます。

②

4 よくある質問

〔1〕 択一式対策の学習と選択式対策の学習はどっちが重要？

まず択一式対策、次いで選択式対策の順が効率的

択一式試験・選択式試験のいずれにも合格基準点が設けられている以上、どちらとも重要です。しかし、選択式問題の論点には、択一式問題の論点と重複するものが多く、択一式対策の学習を進めていけば、自然と選択式対策の学力も向上していきます。

まずは、択一式トレーニング問題集などで択一式対策の学習を進め、次いで、選択式トレーニング問題集で選択式対策の学習を進めるという方法が効率的です。

〔2〕 全ての問題を解いている時間がない…

難易度 A・B・Cの順で取り組みましょう

時間がないときは、選択式問題としての難易度が高いものから、優先して取り組みましょう。具体的な優先順位は、 難易度 A・B・C の順です。難易度ランクの意味合いは、②ページをご覧下さい。

〔3〕 問題の解答方法

選択肢を絞り込んで、正解率を高める

選択式の問題は、5つの空欄に対して20個の選択肢が設定されており、一つの空欄に対する選択肢は、基本的には4個に絞ることができます。この正解肢候補の4個を相対比較し、かつ、問題文のテーマと照らし合わせた上で、最も適切と考えられる選択肢を選ぶようにすれば、正解率を高めることができます。この場合、「選択肢の絞り込み」が重要です。A～Eの空欄に対してそれぞれ解答語句を探しだし、空欄に当てはめて適切なものを選ぶ癖をつけましょう。

CONTENTS

改正 は、改正箇所の問題です。

難易度 A・B・C は、問題の難易度ランクです。

第1章　労働者災害補償保険法

難易度

問題1	目的等	A	2
問題2	保険給付の種類等	A	6
問題3	過労死認定基準、精神障害の認定基準	B	10
問題4	通　勤	A	14
問題5	逸脱・中断	A	16
問題6	業務災害に関する保険給付	B	20
問題7	療養補償給付	B	22
問題8	療養の給付に係る一部負担金	C	26
問題9	休業（補償）等給付	C	28
問題10	傷病補償年金	C	30
問題11	障害等級の認定	C	32
問題12	障害補償年金前払一時金	B	34
問題13	障害補償年金差額一時金	B	38
問題14	介護補償給付の額	A	40
問題15	遺族補償年金の受給資格	C	44
問題16	遺族補償年金の額の改定、支給停止	B	46
問題17	遺族補償年金の受給権の消滅	C	50
問題18	遺族補償一時金	B	54
問題19	受給資格の欠格、葬祭料	B	56
問題20	二次健康診断等給付	A	60

I

問題21	支給制限等	B	64
問題22	給付基礎日額	A	68
問題23	休業給付基礎日額	B	70
問題24	年金の支給期間等、死亡の推定	B	74
問題25	未支給の保険給付	B	78
問題26	支払の調整	A	82
問題27	代位取得、控除等	B	86
問題28	事業主の損害賠償責任との調整	A	90
問題29	事業主からの費用徴収(1)	A	94
問題30	事業主からの費用徴収(2)	B	98
問題31	受給権の保護、保険給付の非課税、費用の負担	B	100
問題32	社会復帰促進等事業	A	102
問題33	定率・定額の特別支給金	B	106
問題34	算定基礎年額	A	108
問題35	中小事業主等の特別加入	B	112
問題36	一人親方の特別加入	B	114
問題37	特別加入の効果	B	118
問題38	受給者の届出	A	120
問題39	不服申立て	B	122
問題40	時効その他(1)	B	124
問題41	時効その他(2)、行政庁の権能	A	126

第2章　労働者災害補償保険法（過去本試験問題）

難易度

問題1	平成26年	B	130
問題2	平成27年（改題）	A	134
問題3	平成28年（改題）	C	138
問題4	平成29年（改題）	C	142
問題5	平成30年	C	144
問題6	令和元年（改題）	C	148
問題7	令和2年	B	152
問題8	令和3年	B	156
問題9	令和4年	B	160
問題10	令和5年	C	164

第3章　労働基準法及び労働安全衛生法（過去本試験問題）

難易度

令和5年（労働基準法及び労働安全衛生法）	C	170

III

第1章 労働者災害補償保険法

第1章　労働者災害補償保険法

問題1　目的等

難易度 **A**

Check欄 A ☐☐☐ B ☐☐☐ C ☐☐☐ D ☐☐☐ E ☐☐☐

1　労働者災害補償保険は、業務上の事由、事業主が同一人でない二以上の事業に使用される労働者（　A　）の二以上の事業の業務を要因とする事由又は通勤による労働者の　B　に対して迅速かつ公正な保護をするため、必要な保険給付を行い、あわせて、業務上の事由、　A　の二以上の事業の業務を要因とする事由又は通勤により負傷し、又は疾病にかかった労働者の　C　、当該労働者及びその遺族の援護、　D　等を図り、もって労働者の福祉の増進に寄与することを目的とする。

2　労働者災害補償保険は、上記1の目的を達成するため、業務上の事由、　A　の二以上の事業の業務を要因とする事由又は通勤による労働者の　B　に関して保険給付を行うほか、　E　を行うことができる。

3　労働者災害補償保険法においては、労働者を使用する事業を適用事業とする。ただし、国の直営事業及び官公署の事業（労働基準法別表第一に掲げる事業を除く。）については、労働者災害補償保険法は、適用しない。

4　労働者災害補償保険法に基づく政令及び厚生労働省令並びに労働保険徴収法に基づく政令及び厚生労働省令（労働者災害補償保険事業に係るものに限る。）は、その草案について、労働政策審議会の意見を聞いて、これを制定する。

第1章　労働者災害補償保険法

┌─ 選択肢 ─────────────────────────────────┐

① 救済事業　　　　　　　　　② 兼業事業労働者

③ 健康回復の促進　　　　　　④ 雇用環境の整備の促進

⑤ 社会復帰促進等事業　　　　⑥ 社会復帰の促進

⑦ 就業の促進　　　　　　　　⑧ 職場復帰の促進

⑨ 適正な労働条件の確保　　　⑩ 特定事業労働者

⑪ 副業事業労働者　　　　　　⑫ 複数事業労働者

⑬ 負傷、疾病、死亡等　　　　⑭ 負傷、疾病、障害、死亡

⑮ 負傷、疾病、障害、死亡等　⑯ 負傷、疾病、障害等

⑰ 労働安全衛生事業　　　　　⑱ 労働環境整備事業

⑲ 労働環境の改善　　　　　　⑳ 労働者の安全及び衛生の確保

└──────────────────────────────────────┘

3

第1章 労働者災害補償保険法

解 答

A	⑫	複数事業労働者	（法1条、2条の2）
B	⑮	負傷、疾病、障害、死亡等	（法1条、2条の2）
C	⑥	社会復帰の促進	（法1条）
D	⑳	労働者の安全及び衛生の確保	（法1条）
E	⑤	社会復帰促進等事業	（法2条の2）

第1章　労働者災害補償保険法

完成文

1　労働者災害補償保険は、業務上の事由、**事業主が同一人でない二以上の事業**に使用される労働者（複数事業労働者）の二以上の事業の業務を**要因**とする事由又は通勤による労働者の負傷、疾病、障害、死亡等に対して**迅速かつ公正な保護**をするため、必要な**保険給付**を行い、あわせて、業務上の事由、複数事業労働者の二以上の事業の業務を要因とする事由又は通勤により負傷し、又は疾病にかかった労働者の社会復帰の促進、当該労働者及び**その遺族**の**援護**、労働者の安全及び衛生の確保等を図り、もって労働者の**福祉の増進**に寄与することを目的とする。

2　労働者災害補償保険は、上記1の目的を達成するため、業務上の事由、複数事業労働者の二以上の事業の業務を要因とする事由又は通勤による労働者の負傷、疾病、障害、死亡等に関して保険給付を行うほか、社会復帰促進等事業を行うことができる。

3　労働者災害補償保険法においては、労働者を使用する事業を適用事業とする。ただし、**国の直営事業**及び**官公署の事業**（労働基準法別表第一に掲げる事業を除く。）については、労働者災害補償保険法は、適用しない。

4　労働者災害補償保険法に基づく政令及び厚生労働省令並びに労働保険徴収法に基づく政令及び厚生労働省令（労働者災害補償保険事業に係るものに限る。）は、その草案について、**労働政策審議会**の意見を聞いて、これを制定する。

第1章　労働者災害補償保険法

問題2　保険給付の種類等　　難易度 A

Check欄　A ☐☐☐　B ☐☐☐　C ☐☐☐　D ☐☐☐　E ☐☐☐

1　労働者災害補償保険法による保険給付は、次に掲げる保険給付とする。

ア　労働者の業務上の負傷、疾病、障害又は死亡（業務災害）に関する保険給付

イ　複数事業労働者（負傷、疾病、障害又は死亡の原因又は要因となる事由が生じた時点において事業主が同一人でない二以上の事業に同時に使用されていた労働者を含む。）の二以上の事業の業務を要因とする負傷、疾病、障害又は死亡（　　A　　）に関する保険給付（アに掲げるものを除く。）

ウ　労働者の通勤による負傷、疾病、障害又は死亡（通勤災害）に関する保険給付

エ　　　B

2　業務災害による疾病は、　　C　　別表第1の2に掲げられている。同表第11号の「その他　　D　　」については、業務災害と扱われるが、このためには、業務と疾病との間に　　E　　がなければならない。

3　　A　　による疾病の範囲は、　　C　　別表第1の2第8号及び第9号に掲げる疾病（脳・心臓疾患及び精神障害）その他二以上の事業の業務を要因とすることの明らかな疾病とする。

4　通勤による疾病の範囲は、通勤による負傷に起因する疾病その他通勤に起因することの明らかな疾病とする。

第1章　労働者災害補償保険法

選択肢

① 蓋然的関係　　　　　　　　　② 業務上の事故による疾病
③ 業務上の負傷に起因する疾病　④ 業務と因果関係のある疾病
⑤ 業務に起因することの明らかな疾病
⑥ 条件関係　　　　　　　　　　⑦ 相当因果関係
⑧ 特別支給金　　　　　　　　　⑨ 二以上業務災害
⑩ 二以上業務通勤災害　　　　　⑪ 二次健康診断等給付
⑫ 年金たる保険給付　　　　　　⑬ 必然的関係
⑭ 複数業務通勤災害　　　　　　⑮ 複数業務要因災害
⑯ 労災就学援護費　　　　　　　⑰ 労働基準法施行規則
⑱ 労働基準法施行令
⑲ 労働者災害補償保険法施行規則
⑳ 労働者災害補償保険法施行令

第 1 章　労働者災害補償保険法

解　答

A　⑮　複数業務要因災害　　　（法 7 条）

B　⑪　二次健康診断等給付　　（法 7 条）

C　⑰　労働基準法施行規則　　（労働基準法施行規則35条、則18条の 3 の 6 ）

D　⑤　業務に起因することの明らかな疾病

　　　　　　　　　　　　　　　（労働基準法施行規則別表第 1 の 2 ）

E　⑦　相当因果関係　　　　　（最判S51. 11. 12）

第1章　労働者災害補償保険法

完成文

1　労働者災害補償保険法による保険給付は、次に掲げる保険給付とする。

　ア　労働者の業務上の負傷、疾病、障害又は死亡（**業務災害**）に関する保険給付

　イ　**複数事業労働者**（負傷、疾病、障害又は死亡の原因又は要因となる事由が生じた時点において事業主が同一人でない二以上の事業に同時に使用されていた労働者を含む。）の**二以上の事業の業務**を**要因**とする負傷、疾病、障害又は死亡（複数業務要因災害）に関する保険給付（アに掲げるものを除く。）

　ウ　労働者の通勤による負傷、疾病、障害又は死亡（**通勤災害**）に関する保険給付

　エ　二次健康診断等給付

2　業務災害による疾病は、労働基準法施行規則別表第1の2に掲げられている。同表第11号の「その他業務に起因することの明らかな疾病」については、業務災害と扱われるが、このためには、業務と疾病との間に相当因果関係がなければならない。

3　複数業務要因災害による疾病の範囲は、労働基準法施行規則別表第1の2第8号及び第9号に掲げる疾病（**脳・心臓疾患及び精神障害**）その他**二以上の事業の業務を要因とすることの明らかな**疾病とする。

4　通勤による疾病の範囲は、**通勤による負傷に起因する疾病**その他**通勤に起因することの明らかな**疾病とする。

9

第1章 労働者災害補償保険法

問題3 過労死認定基準、精神障害の認定基準 難易度 B

Check欄 A ☐☐☐ B ☐☐☐ C ☐☐☐ D ☐☐☐ E ☐☐☐

1 　血管病変等を著しく増悪させる業務による脳血管疾患及び虚血性心疾患等の認定基準によると、以下のア、イ又はウの業務による明らかな過重負荷を受けたことにより発症した脳・心臓疾患は、業務に起因する疾病として取り扱う。

　ア　発症前の長期間（発症前おおむね ☐ A ☐ 間）にわたって、著しい疲労の蓄積をもたらす特に過重な業務に就労したこと（長期間の過重業務）

　イ　発症に近接した時期（発症前おおむね ☐ B ☐ 間）において、特に過重な業務に就労したこと（短期間の過重業務）

　ウ　発症直前から前日までの間において、発生状態を時間的及び場所的に明確にし得る異常な出来事に遭遇したこと（異常な出来事）

2 　☐ C ☐ による精神障害の認定基準によると、次のア、イ及びウのいずれの要件も満たす対象疾病は、労働基準法施行規則別表第1の2第9号に該当する業務上の疾病として取り扱う。

　ア　対象疾病を発病していること。

　イ　対象疾病の発病前おおむね ☐ A ☐ の間に、業務による強い☐ C ☐ が認められること。

　ウ　業務以外の ☐ C ☐ 及び個体側要因により対象疾病を発病したとは認められないこと。

　　また、発病前おおむね ☐ A ☐ の間に、別表1の「特別な出来事」に該当する業務による出来事が認められた場合には、☐ C ☐ の総合評価を「強」と判断する。

　　なお、総合評価が「強」と判断される場合には、上記イの認定要件を満たすものとする。

10

第1章　労働者災害補償保険法

　別表1の「特別な出来事」に該当するものとして、発病直前の1か月にお
おむね　　D　　を超えるような、又はこれに満たない期間にこれと同程
度の（例えば3週間におおむね　　E　　以上の）時間外労働を行った（休
憩時間は少ないが手待時間が多い場合等、労働密度が特に低い場合を除
く）場合等がある。

選択肢

①	1か月	②	1週	③	1年
④	2か月	⑤	2週	⑥	3か月
⑦	3週	⑧	6か月	⑨	45時間
⑩	60時間	⑪	80時間	⑫	100時間
⑬	120時間	⑭	150時間	⑮	160時間
⑯	180時間	⑰	過重業務	⑱	心理的負荷
⑲	性的言動	⑳	肉体的負荷		

11

第1章　労働者災害補償保険法

解　答

A　⑧　6か月　　　（R3.9.14基発0914第1号）
B　②　1週　　　　（R3.9.14基発0914第1号）
C　⑱　心理的負荷　（H23.12.26基発1226第1号）
D　⑮　160時間　　（H23.12.26基発1226第1号）
E　⑬　120時間　　（H23.12.26基発1226第1号）

完成文

1　血管病変等を著しく増悪させる業務による脳血管疾患及び虚血性心疾患等の認定基準によると、以下のア、イ又はウの業務による明らかな過重負荷を受けたことにより発症した脳・心臓疾患は、業務に起因する疾病として取り扱う。

ア　発症前の長期間（発症前おおむね6か月間）にわたって、著しい疲労の蓄積をもたらす特に過重な業務に就労したこと（長期間の過重業務）

イ　発症に近接した時期（発症前おおむね1週間）において、特に過重な業務に就労したこと（短期間の過重業務）

ウ　発症直前から前日までの間において、発生状態を時間的及び場所的に明確にし得る異常な出来事に遭遇したこと（異常な出来事）

2　心理的負荷による精神障害の認定基準によると、次のア、イ及びウのいずれの要件も満たす対象疾病は、労働基準法施行規則別表第1の2第9号に該当する業務上の疾病として取り扱う。

ア　対象疾病を発病していること。

イ　対象疾病の発病前おおむね6か月の間に、業務による強い心理的負荷が認められること。

ウ　業務以外の心理的負荷及び個体側要因により対象疾病を発病したとは認められないこと。

また、発病前おおむね6か月の間に、別表1の「特別な出来事」に該当する業務による出来事が認められた場合には、心理的負荷の総合評価を「強」

12

と判断する。

　なお、総合評価が「強」と判断される場合には、上記イの認定要件を満たすものとする。

　別表1の「特別な出来事」に該当するものとして、発病直前の1か月におおむね160時間を超えるような、又はこれに満たない期間にこれと同程度の（例えば3週間におおむね120時間以上の）時間外労働を行った（休憩時間は少ないが手待時間が多い場合等、労働密度が特に低い場合を除く）場合等がある。

第1章 労働者災害補償保険法

問題4 通 勤

難易度 A

Check欄 A□□□ B□□□ C□□□ D□□□ E□□□

1 通勤とは、労働者が、就業に関し、以下①～③に掲げる移動を、 A 経路及び方法により行うことをいい、 B を有するものは除かれる。

① C と D との間の往復

② 厚生労働省令で定める D から他の D への移動

③ 上記①の往復に E する C 間の移動（厚生労働省令で定める要件に該当するものに限る。）

2 上記1の②の厚生労働省令で定める D については、当該移動の起点たる D として、労働者災害補償保険の適用事業に係る D 、特別加入者に係る D 等を定めるものとする。

選択肢

① 業務外の理由	② 業務の性質	③ 居所
④ 勤務の場所	⑤ 後続	⑥ 合理的な
⑦ 事業所の場所	⑧ 自宅	⑨ 私的な性質
⑩ 住居	⑪ 就業規則に定められた	⑫ 就業の場所
⑬ 出張先	⑭ 先行	
⑮ 先行し、又は後続		⑯ 第3者との関係
⑰ 地域	⑱ 密接	⑲ 最も移動時間が早い
⑳ 最も経済的な		

第1章　労働者災害補償保険法

解答

A　⑥　合理的な　　　　（法7条）
B　②　業務の性質　　　（法7条）
C　⑩　住居　　　　　　（法7条）
D　⑫　就業の場所　　　（法7条、則6条）
E　⑮　先行し、又は後続　（法7条）

完成文

1　通勤とは、労働者が、<u>就業</u>に関し、以下①～③に掲げる移動を、合理的な<u>経路</u>及び<u>方法</u>により行うことをいい、業務の性質を有するものは除かれる。

①　住居と就業の場所との間の往復

②　厚生労働省令で定める<u>就業の場所から他の就業の場所への</u>移動

③　上記①の往復に先行し、又は後続する住居間の移動（厚生労働省令で定める要件に該当するものに限る。）

2　上記1の②の厚生労働省令で定める就業の場所については、当該移動の起点たる就業の場所として、労働者災害補償保険の適用事業に係る就業の場所、特別加入者に係る就業の場所等を定めるものとする。

第1章　労働者災害補償保険法

問題5　逸脱・中断　　　　　　　　　難易度 A

Check欄　A ☐☐☐　B ☐☐☐　C ☐☐☐　D ☐☐☐　E ☐☐☐

1　労働者が、通勤災害の対象となる移動の経路を逸脱し、又は移動を中断
した場合においては、当該逸脱又は中断の間及びその後の移動は、通勤と
しない。ただし、当該逸脱又は中断が、　　A　　必要な行為であって厚
生労働省令で定めるものをやむを得ない事由により行うための　　B　　
である場合は、当該逸脱又は中断の間を除き、この限りでない。

2　上記1の厚生労働省令で定める行為は、以下のとおりとする。

ア　　　C　　の購入その他これに準ずる行為

イ　職業訓練、学校教育法に規定する学校において行われる教育その他こ
れらに準ずる教育訓練であって職業能力の開発向上に資するものを受け
る行為

ウ　　　D　　その他これに準ずる行為

エ　病院又は診療所において診察又は治療を受けることその他これに準ず
る行為

オ　要介護状態(負傷、疾病又は身体上若しくは精神上の障害により、
　　E　　の期間にわたり常時介護を必要とする状態をいう。)にある配
偶者、子、父母、孫、祖父母及び兄弟姉妹並びに配偶者の父母の介護
(継続的に又は反復して行われるものに限る。)

第1章　労働者災害補償保険法

選択肢

①　1週間以上	②　2週間以上	③　10日以上
④　30日以上	⑤　業務上	⑥　業務上必要な物品
⑦　公民権の行使	⑧　合理的な範囲内のもの	
⑨　子の養育	⑩　最小限度のもの	
⑪　社会活動	⑫　生活必需品	⑬　選挙権の行使
⑭　通勤上	⑮　通勤に必要な物品	
⑯　通行上	⑰　日常生活上	⑱　日用品
⑲　不可欠な範囲内のもの	⑳　やむを得ない理由によるもの	

第1章　労働者災害補償保険法

解　答

A	⑰	日常生活上	（法7条）
B	⑩	最小限度のもの	（法7条）
C	⑱	日用品	（則8条）
D	⑬	選挙権の行使	（則8条）
E	②	2週間以上	（則7条）

完成文

1　労働者が、通勤災害の対象となる移動の経路を逸脱し、又は移動を中断した場合においては、当該逸脱又は中断の間及びその後の移動は、通勤としない。ただし、当該逸脱又は中断が、日常生活上必要な行為であって厚生労働省令で定めるものをやむを得ない事由により行うための最小限度のものである場合は、当該逸脱又は中断の間を除き、この限りでない。

2　上記1の厚生労働省令で定める行為は、以下のとおりとする。

　ア　日用品の購入その他これに準ずる行為

　イ　職業訓練、学校教育法に規定する学校において行われる教育その他これらに準ずる教育訓練であって職業能力の開発向上に資するものを受ける行為

　ウ　選挙権の行使その他これに準ずる行為

　エ　病院又は診療所において診察又は治療を受けることその他これに準ずる行為

　オ　要介護状態（負傷、疾病又は身体上若しくは精神上の障害により、2週間以上の期間にわたり常時介護を必要とする状態をいう。）にある配偶者、子、父母、孫、祖父母及び兄弟姉妹並びに配偶者の父母の介護（継続的に又は反復して行われるものに限る。）

第1章　労働者災害補償保険法

問題6　業務災害に関する保険給付　難易度 **B**

Check欄 **A**☐☐☐ **B**☐☐☐ **C**☐☐☐ **D**☐☐☐ **E**☐☐☐

1　業務災害に関する保険給付（　**A**　 及び介護補償給付を除く。）は、労働基準法に規定する災害補償の事由又は船員法に規定する災害補償の事由（同法第91条第1項にあっては、労働基準法第76条第1項に規定する災害補償の事由に相当する部分に限る。）が生じた場合に、補償を受けるべき労働者若しくは遺族又は　**B**　に対し、その請求に基づいて行う。

2　介護補償給付は、障害補償年金又は　**A**　を受ける権利を有する労働者が、その受ける権利を有する障害補償年金又は　**A**　の支給事由となる障害であって厚生労働省令で定める程度のものにより、　**C**　介護を要する状態にあり、かつ、　**C**　介護を受けているときに、当該介護を受けている間（以下に掲げる間を除く。）、　**D**　に対し、その請求に基づいて行う。

ア　　**E**　に入所している間（生活介護を受けている場合に限る。）

イ　　**E**　（生活介護を行うものに限る。）に準ずる施設として厚生労働大臣が定めるものに入所している間

ウ　病院又は診療所に入院している間

選択肢

① 介護療養施設　　　　　　　② 介護を行う親族
③ 介護を行う者　　　　　　　④ 厚生労働省令で定める
⑤ 厚生労働省令で定める者　　⑥ 厚生労働大臣が定める者
⑦ 三親等内の親族　　⑧ 障害者支援施設　　⑨ 常時
⑩ 常時又は随時　　　⑪ 常態として　　　　⑫ 傷病補償給付
⑬ 傷病補償年金　　　⑭ 葬祭料
⑮ 葬祭を行う親族　　⑯ 葬祭を行う者　　　⑰ 当該労働者
⑱ 二次健康診断等給付　　　　⑲ 労災特別介護施設
⑳ 老人保健施設

第1章　労働者災害補償保険法

解答

A　⑬　**傷病補償年金**　　（法12条の8）
B　⑯　**葬祭を行う者**　　（法12条の8）
C　⑩　**常時又は随時**　　（法12条の8）
D　⑰　**当該労働者**　　　（法12条の8）
E　⑧　**障害者支援施設**　（法12条の8）

完成文

1　業務災害に関する保険給付（傷病補償年金及び**介護補償給付**を除く。）は、労働基準法に規定する**災害補償**の事由又は船員法に規定する災害補償の事由（同法第91条第1項にあっては、労働基準法第76条第1項に規定する災害補償の事由に相当する部分に限る。）が生じた場合に、補償を受けるべき労働者若しくは**遺族**又は葬祭を行う者に対し、その請求に基づいて行う。

2　介護補償給付は、**障害補償年金**又は傷病補償年金を受ける権利を有する労働者が、その受ける権利を有する障害補償年金又は傷病補償年金の支給事由となる障害であって厚生労働省令で定める程度のものにより、常時又は随時介護を要する状態にあり、かつ、常時又は随時介護を受けているときに、当該介護を受けている間（以下に掲げる間を除く。）、当該労働者に対し、その請求に基づいて行う。

　ア　障害者支援施設に入所している間（**生活介護**を受けている場合に限る。）

　イ　障害者支援施設（**生活介護**を行うものに限る。）に準ずる施設として厚生労働大臣が定めるものに入所している間

　ウ　**病院又は診療所**に入院している間

21

第1章　労働者災害補償保険法

問題7　療養補償給付

難易度 **B**

Check欄 A ☐☐☐　B ☐☐☐　C ☐☐☐　D ☐☐☐　E ☐☐☐

1(1)　療養補償給付は、療養の給付とする。

(2)　療養の給付の範囲は、診察、薬剤又は治療材料の支給、処置、手術その他の治療、居宅における療養上の管理及びその療養に伴う世話その他の看護、病院又は診療所への入院及びその療養に伴う世話その他の看護、　A　であり、　B　が必要と認めるものに限る。

2　療養の給付は、社会復帰促進等事業として設置された病院若しくは診療所又は　C　の指定する病院若しくは診療所、薬局若しくは　D　において行う。

3　療養補償給付たる療養の給付を受けようとする者は、必要事項を記載した請求書を、当該療養の給付を受けようとする指定病院等を経由して、　E　に提出しなければならない。

4　　B　は、上記1の療養の給付をすることが困難な場合その他厚生労働省令で定める場合には、療養の給付に代えて療養の費用を支給することができる。

5　上記4の規定により療養の費用を支給する場合は、療養の給付をすることが困難な場合のほか、療養の給付を受けないことについて労働者に相当の理由がある場合とする。

第1章　労働者災害補償保険法

選択肢

① 移送　　② 一次健康診断　　③ 外科後処置

④ 厚生労働省労働基準局長　　⑤ 在宅

⑥ 事業主　　⑦ 市町村長　　⑧ 主治の医師

⑨ 障害者支援施設　　⑩ 所轄労働基準監督署長

⑪ 政府　　⑫ 特定保健指導　　⑬ 都道府県知事

⑭ 都道府県労働局長　　⑮ 訪問看護事業者

⑯ 保険医　　⑰ 保険医療機関　　⑱ 労災特別介護施設

⑲ 労働者災害補償保険審査官　　⑳ 労働保険審査会

第1章 労働者災害補償保険法

解 答

A	①	移送	（法13条）
B	⑪	政府	（法13条）
C	⑭	都道府県労働局長	（則11条）
D	⑮	訪問看護事業者	（則11条）
E	⑩	所轄労働基準監督署長	（則12条）

第1章 労働者災害補償保険法

完成文

1 (1) 療養補償給付は、**療養の給付**とする。

 (2) 療養の給付の範囲は、診察、薬剤又は治療材料の支給、処置、手術その他の治療、**居宅における療養上の管理**及びその**療養に伴う世話**その他の**看護**、**病院又は診療所**への入院及びその療養に伴う世話その他の**看護**、移送であり、政府が必要と認めるものに限る。

2 **療養の給付**は、**社会復帰促進等事業**として設置された病院若しくは診療所又は都道府県労働局長の指定する病院若しくは診療所、薬局若しくは訪問看護事業者において行う。

3 療養補償給付たる**療養の給付**を受けようとする者は、必要事項を記載した請求書を、当該**療養の給付**を受けようとする**指定病院等**を経由して、所轄労働基準監督署長に提出しなければならない。

4 政府は、上記1の**療養の給付をすることが困難な**場合その他厚生労働省令で定める場合には、療養の給付に代えて**療養の費用**を支給することができる。

5 上記4の規定により**療養の費用**を支給する場合は、**療養の給付をすることが困難な**場合のほか、療養の給付を受けないことについて**労働者に相当の理由がある**場合とする。

第1章 労働者災害補償保険法

問題8　療養の給付に係る一部負担金　　難易度 C

Check欄　A ☐☐☐　B ☐☐☐　C ☐☐☐　D ☐☐☐　E ☐☐☐

政府は、　 A 　 を受ける労働者（以下(1)～(3)に掲げる者を除く。）から

　 B 　 円を超えない範囲内で、一部負担金を徴収する。

なお、一部負担金の額は、健康保険の日雇特例被保険者である労働者について

は　 C 　 円となる。

(1)　 D 　 によって生じた事故により　 A 　 を受ける者

(2)　療養開始後3日以内に死亡した者その他　 E 　 を受けない者

(3)　同一の通勤災害に係る　 A 　 について既に一部負担金を納付した者

選択肢

① 50　　　② 100　　　③ 200　　　④ 250

⑤ 300　　　⑥ 400　　　⑦ 500　　　⑧ 1,000

⑨ 休業給付　　　　　　　　　⑩ 休業給付又は傷病年金

⑪ 休業補償給付　　　　　　　⑫ 休業補償給付又は休業給付

⑬ 事業主の故意又は重大な過失　⑭ 第三者の行為

⑮ 天災地変その他やむを得ない事由

⑯ 療養給付　　　　　　　　　⑰ 療養給付又は傷病年金

⑱ 療養補償給付　　　　　　　⑲ 療養補償給付又は療養給付

⑳ 労働者の責めに帰すべき事由

第1章　労働者災害補償保険法

解　答

A　⑯　療養給付　　　　（法31条）
B　③　200　　　　　　（法31条）
C　②　100　　　　　　（則44条の2）
D　⑭　第三者の行為　　（則44条の2）
E　⑨　休業給付　　　　（則44条の2）

完成文

　政府は、療養給付を受ける労働者(以下(1)～(3)に掲げる者を除く。)から200円を超えない範囲内で、一部負担金を徴収する。

　なお、一部負担金の額は、健康保険の**日雇特例被保険者**である労働者については100円となる。

(1)　第三者の行為によって生じた事故により療養給付を受ける者

(2)　療養開始後 3 日以内に死亡した者その他休業給付を受けない者

(3)　同一の通勤災害に係る療養給付について既に一部負担金を納付した者

第1章　労働者災害補償保険法

問題9　休業（補償）等給付　　難易度 C

Check欄　A ☐☐☐　B ☐☐☐　C ☐☐☐　D ☐☐☐　E ☐☐☐

1　休業補償給付は、労働者が業務上の負傷又は疾病による療養のため
　　　　 A 　 の 　 B 　 から支給するものとし、その額は、1日につき給
付基礎日額の 　 C 　 に相当する額とする。

　　ただし、労働者が業務上の負傷又は疾病による療養のため所定労働時間
のうちその一部分についてのみ労働する日若しくは 　 D 　（部分算定
日）又は複数事業労働者の部分算定日に係る休業補償給付の額は、給付基
礎日額（ 　 E 　 を給付基礎日額とすることとされている場合にあって
は、その適用がないものとした場合における給付基礎日額）から部分算定
日に対して支払われる賃金の額を控除して得た額（当該控除して得た額が
　 E 　 を 超 え る 場 合 に あ っ て は、 　 E 　 に 相 当 す る 額）の
　 C 　 に相当する額とする。

2　療養給付を受ける労働者（一定の者を除く。）に支給する休業給付であっ
て最初に支給すべき事由の生じた日に係るものの額は、一定の額を減じた
額とする。

選択肢

① 100分の50　　② 100分の60　　③ 100分の80

④ 100分の90　　⑤ 休暇

⑥ 欠勤により賃金を受けない日

⑦ 最高限度額　　⑧ 最低限度額　　⑨ 事業場の休業

⑩ 自動変更対象額　　⑪ 従前の業務に就けない日

⑫ 所定休日　　⑬ 第3日目　　⑭ 第4日目

⑮ 第7日目　　⑯ 第14日目　　⑰ 賃金が支払われる休暇

⑱ 平均賃金

⑲ 労働することができないために賃金を受けない日

⑳ 労働することができない日

第1章　労働者災害補償保険法

解答

A　⑲　労働することができないために賃金を受けない日　（法14条）
B　⑭　第4日目　（法14条）
C　②　100分の60　（法14条）
D　⑰　賃金が支払われる休暇　（法14条）
E　⑦　最高限度額　（法14条）

完成文

1　休業補償給付は、労働者が業務上の負傷又は疾病による療養のため労働することができないために賃金を受けない日の第4日目から支給するものとし、その額は、1日につき給付基礎日額の100分の60に相当する額とする。

　　ただし、労働者が業務上の負傷又は疾病による療養のため所定労働時間のうちその一部分についてのみ労働する日若しくは賃金が支払われる休暇（部分算定日）又は複数事業労働者の部分算定日に係る休業補償給付の額は、給付基礎日額（最高限度額を給付基礎日額とすることとされている場合にあっては、その適用がないものとした場合における給付基礎日額）から部分算定日に対して支払われる賃金の額を控除して得た額（当該控除して得た額が最高限度額を超える場合にあっては、最高限度額に相当する額）の100分の60に相当する額とする。

2　療養給付を受ける労働者（一定の者を除く。）に支給する休業給付であって最初に支給すべき事由の生じた日に係るものの額は、一定の額を減じた額とする。

29

第1章　労働者災害補償保険法

問題10　傷病補償年金

難易度 C

Check欄 A□□□　B□□□　C□□□　D□□□　E□□□

1　傷病補償年金は、業務上負傷し、又は疾病にかかった労働者が、当該負傷又は疾病に係る療養の開始後　| A |　を経過した日において、当該負傷又は疾病が治っておらず、かつ、当該負傷又は疾病による障害の程度が　| B |　に該当するときに、その状態が継続している間、当該労働者に対して支給される。

2　所轄労働基準監督署長は、業務上の事由により負傷し、又は疾病にかかった労働者の当該負傷又は疾病が療養の開始後　| A |　を経過した日において治っていないときは、同日以後1か月以内に、当該労働者から傷病の状態等の事項を記載した届書を提出させるものとする。

3　傷病補償年金を受ける者には、　| C |　は、行われない。

4　業務上負傷し、又は疾病にかかった労働者が、当該負傷又は疾病に係る療養の開始後　| D |　を経過した日において傷病補償年金を受けている場合又は同日後において傷病補償年金を受けることとなった場合には、当該　| D |　を経過した日又は傷病補償年金を受けることとなった日において、　| E |　を支払ったものとみなされる。

選択肢

① 　1か月	② 　1年	③ 　1年6か月
④ 　3か月	⑤ 　3年	⑥ 　5年
⑦ 　6か月	⑧ 　7年	⑨ 　打切補償
⑩ 　介護補償給付	⑪ 　休業補償	⑫ 　休業補償給付
⑬ 　厚生年金保険の障害厚生年金	⑭ 　災害補償	
⑮ 　障害等級第1級から第7級	⑯ 　障害等級第1級又は第2級	
⑰ 　傷病等級第1級から第3級	⑱ 　傷病等級第1級から第5級	
⑲ 　損害賠償	⑳ 　療養補償給付	

30

第 1 章　労働者災害補償保険法

解答

A	③	1年6か月	（法12条の8、則18条の2）
B	⑰	傷病等級第1級から第3級	（則18条、別表2）
C	⑫	休業補償給付	（法18条）
D	⑤	3年	（法19条）
E	⑨	打切補償	（法19条）

完成文

1　傷病補償年金は、業務上負傷し、又は疾病にかかった労働者が、当該負傷又は疾病に係る療養の開始後1年6か月を経過した日において、当該負傷又は疾病が治っておらず、かつ、当該負傷又は疾病による障害の程度が傷病等級第1級から第3級に該当するときに、その状態が継続している間、当該労働者に対して支給される。

2　所轄労働基準監督署長は、業務上の事由により負傷し、又は疾病にかかった労働者の当該負傷又は疾病が療養の開始後1年6か月を経過した日において治っていないときは、同日以後1か月以内に、当該労働者から傷病の状態等の事項を記載した届書を提出させるものとする。

3　傷病補償年金を受ける者には、休業補償給付は、行われない。

4　業務上負傷し、又は疾病にかかった労働者が、当該負傷又は疾病に係る療養の開始後3年を経過した日において傷病補償年金を受けている場合又は同日後において傷病補償年金を受けることとなった場合には、当該3年を経過した日又は傷病補償年金を受けることとなった日において、打切補償を支払ったものとみなされる。

31

第1章　労働者災害補償保険法

問題11　障害等級の認定

難易度 **C**

Check欄　A □□□　B □□□　C □□□　D □□□　E □□□

1　障害補償給付を支給すべき身体障害の障害等級は、別表第1に定めるところによる。

2　別表第1に掲げる身体障害が二以上ある場合には、　　A　　の身体障害の該当する障害等級による。

3　以下ア～ウに掲げる場合には、上記1・2の規定による障害等級をそれぞれ当該ア～ウに掲げる等級だけ繰り上げた障害等級による。

　ア　第　　B　　級以上に該当する身体障害が二以上あるとき

　　　…1級

　イ　第　　C　　級以上に該当する身体障害が二以上あるとき

　　　…2級

　ウ　第　　D　　級以上に該当する身体障害が二以上あるとき

　　　…　E　　級

選択肢

① 1　　　② 2　　　③ 3　　　④ 4　　　⑤ 5
⑥ 6　　　⑦ 7　　　⑧ 8　　　⑨ 9　　　⑩ 10
⑪ 11　　⑫ 12　　⑬ 13　　⑭ 14　　⑮ 15
⑯ 16　　⑰ 重い方　　　　⑱ 軽い方
⑲ 所轄労働基準監督署長の選択する方
⑳ 労働者の選択する方

第1章 労働者災害補償保険法

解 答

A	⑰	重い方	(則14条)
B	⑬	13	(則14条)
C	⑧	8	(則14条)
D	⑤	5	(則14条)
E	③	3	(則14条)

完成文

1 障害補償給付を支給すべき身体障害の障害等級は、別表第1に定めるところによる。

2 別表第1に掲げる身体障害が二以上ある場合には、重い方の身体障害の該当する障害等級による。

3 以下ア～ウに掲げる場合には、上記1・2の規定による障害等級をそれぞれ当該ア～ウに掲げる等級だけ繰り上げた障害等級による。

ア 第13級以上に該当する身体障害が二以上あるとき

…1級

イ 第8級以上に該当する身体障害が二以上あるとき

…2級

ウ 第5級以上に該当する身体障害が二以上あるとき

…3級

33

第1章　労働者災害補償保険法

問題12　障害補償年金前払一時金

難易度 B

Check欄　A ☐☐☐　B ☐☐☐　C ☐☐☐　D ☐☐☐　E ☐☐☐

1　政府は、当分の間、労働者が業務上負傷し、又は疾病にかかり、治ったとき身体に障害が存する場合における当該障害に関しては、障害補償年金を受ける権利を有する者に対し、その請求に基づき、保険給付として、　A　を支給する。

2　　A　が支給される場合には、当該労働者の障害に係る障害補償年金は、各月に支給されるべき額の合計額が厚生労働省令で定める算定方法に従い当該　A　の額に達するまでの間、その支給を停止する。

3　　A　の請求は、障害補償年金の請求と同時に行わなければならない。ただし、障害補償年金の支給の決定の通知のあった日の翌日から起算して　B　を経過する日までの間は、当該障害補償年金を請求した後においても　A　を請求することができる。この場合において、当該請求に係る額は、前払最高限度額から既に支給を受けた障害補償年金の額の合計額を減じた額を超えてはならない。また、この場合には、　C　のうち当該　A　の請求が　D　に支給する。

4　　A　の請求は、　E　、1回に限り行うことができる。

34

第 1 章　労働者災害補償保険法

選択肢

① 1月、3月、5月、7月、9月又は11月

② 1月、5月、又は9月　　③ 1年

④ 1年6か月　　⑤ 1年につき

⑥ 2月、4月、6月、8月、10月又は12月

⑦ 2年　　⑧ 4月、8月又は12月

⑨ 6か月　　⑩ 行われた月

⑪ 行われた月以後の最初の月　　⑫ 行われた月後の最初の月

⑬ 行われた月前の直近の月　　⑭ 受給権者1人につき

⑮ 受給資格者ごとに　　⑯ 障害補償一時金

⑰ 障害補償給付前払一時金　　⑱ 障害補償年金前払一時金

⑲ 障害補償前払一時金　　⑳ 同一の事由に関し

第1章　労働者災害補償保険法

解　答

A	⑱	障害補償年金前払一時金	（法附則59条）
B	③	1年	（則附則26項）
C	①	1月、3月、5月、7月、9月又は11月	（則附則29項）
D	⑫	行われた月後の最初の月	（則附則29項）
E	⑳	同一の事由に関し	（則附則27項）

第1章　労働者災害補償保険法

完成文

1　政府は、当分の間、労働者が業務上負傷し、又は疾病にかかり、治ったとき身体に障害が存する場合における当該障害に関しては、**障害補償年金**を受ける権利を有する者に対し、その請求に基づき、保険給付として、障害補償年金前払一時金を支給する。

2　障害補償年金前払一時金が支給される場合には、当該労働者の障害に係る障害補償年金は、各月に支給されるべき額の合計額が厚生労働省令で定める算定方法に従い当該障害補償年金前払一時金の額に達するまでの間、その支給を停止する。

3　障害補償年金前払一時金の請求は、障害補償年金の請求と同時に行わなければならない。ただし、障害補償年金の支給の決定の通知のあった日の翌日から起算して1年を経過する日までの間は、当該障害補償年金を請求した後においても障害補償年金前払一時金を請求することができる。この場合において、当該請求に係る額は、前払最高限度額から既に支給を受けた障害補償年金の額の合計額を減じた額を超えてはならない。また、この場合には、1月、3月、5月、7月、9月又は11月のうち当該障害補償年金前払一時金の請求が行われた月後の最初の月に支給する。

4　障害補償年金前払一時金の請求は、同一の事由に関し、<u>1回</u>に限り行うことができる。

第1章　労働者災害補償保険法

問題13　障害補償年金差額一時金　難易度 B

Check欄　A ☐☐☐　B ☐☐☐　C ☐☐☐　D ☐☐☐　E ☐☐☐

1　政府は、当分の間、障害補償年金を受ける権利を有する者が ☐ A ☐ した場合において、その者に支給された当該障害補償年金の額及び当該障害補償年金に係る障害補償年金前払一時金の額の合計額が当該障害補償年金に係る障害等級に応じ、それぞれ障害補償年金前払一時金最高限度額に満たないときは、その者の遺族に対し、その請求に基づき、保険給付として、その差額に相当する額の ☐ B ☐ を支給する。

2　☐ B ☐ を受けることができる遺族は、以下に掲げる者とする。この場合において、☐ B ☐ を受けるべき遺族の順位は、以下の順序により、当該ア・イに掲げる者のうちにあっては、それぞれ、当該ア・イに掲げる順序による。

ア　労働者の死亡の当時その者 ☐ C ☐ していた配偶者、子、父母、☐ D ☐ 及び ☐ E ☐

イ　上記アに該当しない配偶者、子、父母、☐ D ☐ 及び ☐ E ☐

選択肢

① 業務外の事由により死亡　　② 業務上の事由により死亡

③ 兄姉　　　　　　　　　　④ 兄弟姉妹

⑤ 死亡　　　　　　　　　　⑥ 従兄弟姉妹

⑦ 障害一時金　　　　　　　⑧ 障害年金差額一時金

⑨ 障害補償一時金　　　　　⑩ 障害補償年金差額一時金

⑪ 祖父母　　　　　　　　　⑫ 祖父母、孫

⑬ 通勤により死亡　　　　　⑭ 弟妹

⑮ と生計を同じく　　　　　⑯ と同居

⑰ により主として生計を維持　⑱ により生計を維持

⑲ 孫　　　　　　　　　　　⑳ 孫、祖父母

第1章 労働者災害補償保険法

解答

A ⑤ 死亡　　　　　　　　　　　（法附則58条）
B ⑩ 障害補償年金差額一時金　（法附則58条）
C ⑮ と生計を同じく　　　　　　（法附則58条）
D ⑳ 孫、祖父母　　　　　　　　（法附則58条）
E ④ 兄弟姉妹　　　　　　　　　（法附則58条）

完成文

1　政府は、当分の間、**障害補償年金**を受ける権利を有する者が死亡した場合において、その者に支給された当該**障害補償年金**の額及び当該障害補償年金に係る**障害補償年金前払一時金**の額の合計額が当該障害補償年金に係る障害等級に応じ、それぞれ**障害補償年金前払一時金最高限度額**に満たないときは、その者の遺族に対し、その請求に基づき、保険給付として、その差額に相当する額の障害補償年金差額一時金を支給する。

2　障害補償年金差額一時金を受けることができる遺族は、以下に掲げる者とする。この場合において、障害補償年金差額一時金を受けるべき遺族の順位は、以下の順序により、当該ア・イに掲げる者のうちにあっては、それぞれ、当該ア・イに掲げる順序による。

　ア　労働者の死亡の当時その者と生計を同じくしていた**配偶者、子、父母**、孫、祖父母及び兄弟姉妹

　イ　上記アに該当しない**配偶者、子、父母**、孫、祖父母及び兄弟姉妹

39

第1章　労働者災害補償保険法

問題14　介護補償給付の額

難易度 **A**

Check欄　A ☐☐☐　B ☐☐☐　C ☐☐☐　D ☐☐☐　E ☐☐☐

　介護補償給付の額は、労働者が受ける権利を有する障害補償年金又は傷病補償年金の支給事由となる障害（特定障害）の程度が別表第3 ┃　A　┃ 介護を要する状態の項障害の程度の欄各号のいずれかに該当する場合にあっては、以下に掲げる介護に要する費用の支出に関する区分に従い、当該以下に定める額とする。

ア　その月において介護に要する費用を支出して介護を受けた日がある場合（下記イに規定する場合を除く。）

　→その月において介護に要する費用として支出された費用の額（その額が172,550円を超えるときは、172,550円とする。）

イ　その月において介護に要する費用を支出して介護を受けた日がある場合であって介護に要する費用として支出された費用の額が ┃　B　┃ に満たないとき又はその月において介護に要する費用を支出して介護を受けた日がない場合であって、┃　C　┃ 又はこれに準ずる者による介護を受けた日があるとき

　→ ┃　B　┃ （支給すべき事由が ┃　D　┃ において介護に要する費用として支出された額が ┃　B　┃ に満たない場合にあっては、┃　E　┃ とする。）

40

第1章 労働者災害補償保険法

選択肢
① 7,840円
② 12,530円
③ 36,500円
④ 77,890円
⑤ 85,780円
⑥ 医師
⑦ 子
⑧ 支給しないもの
⑨ 終了した月
⑩ 終了した月の前月
⑪ 常時
⑫ 生じた月
⑬ 生じた月の翌月
⑭ 常時又は随時
⑮ 親族
⑯ 随時
⑰ 政府が算定する額
⑱ 適時
⑲ 当該介護に要する費用として支出された額
⑳ 訪問看護事業者

第1章　労働者災害補償保険法

解　答

A	⑪	常時	（則18条の3の4）
B	④	77,890円	（則18条の3の4）
C	⑮	親族	（則18条の3の4）
D	⑫	生じた月	（則18条の3の4）
E	⑲	当該介護に要する費用として支出された額	（則18条の3の4）

第1章　労働者災害補償保険法

完成文

　介護補償給付の額は、労働者が受ける権利を有する**障害補償年金**又は**傷病補償年金**の支給事由となる障害（特定障害）の程度が別表第3常時介護を要する状態の項障害の程度の欄各号のいずれかに該当する場合にあっては、以下に掲げる介護に要する費用の支出に関する区分に従い、当該以下に定める額とする。

ア　その月において介護に要する費用を支出して介護を受けた日がある場合（下記イに規定する場合を除く。）

　→その月において介護に要する費用として支出された費用の額（その額が**172,550円**を超えるときは、**172,550円**とする。）

イ　その月において介護に要する費用を支出して介護を受けた日がある場合であって介護に要する費用として支出された費用の額が77,890円に満たないとき又はその月において介護に要する費用を支出して介護を受けた日がない場合であって、親族又は**これに準ずる者**による**介護を受けた日**があるとき

　→77,890円（支給すべき事由が生じた月において介護に要する費用として支出された額が77,890円に満たない場合にあっては、当該介護に要する費用として支出された額とする。）

43

第1章　労働者災害補償保険法

問題15　遺族補償年金の受給資格　難易度 C

Check欄 A ☐☐☐ B ☐☐☐ C ☐☐☐ D ☐☐☐ E ☐☐

　　　A　　を受けることができる遺族は、労働者の配偶者、子、父母、孫、祖父母及び兄弟姉妹であって、労働者の死亡の当時　　B　　ものとする。ただし、妻（婚姻の届出をしていないが、事実上婚姻関係と同様の事情にあった者を含む。）以外の者にあっては、労働者の死亡の当時以下の要件に該当した場合に限るものとする。

(1)　夫（婚姻の届出をしていないが、事実上婚姻関係と同様の事情にあった者を含む。）、父母又は祖父母については、　　C　　以上であること。

(2)　子又は孫については、18歳に達する日以後の最初の３月31日までの間にあること。

(3)　兄弟姉妹については、18歳に達する日以後の最初の３月31日までの間にあること又は　　C　　以上であること。

(4)　以上の要件に該当しない夫、子、父母、孫、祖父母又は兄弟姉妹については、障害等級の第　　D　　以上等の障害の状態にあること。

　　　なお、夫、父母、祖父母及び兄弟姉妹については　　E　　以上　　C　　未満であっても　　A　　を受けることができる遺族とする。

選択肢

①　３級	②　５級	③　７級	④　14級
⑤　30歳	⑥　40歳	⑦　45歳	⑧　50歳
⑨　55歳	⑩　60歳	⑪　65歳	⑫　70歳

⑬　遺族補償一時金　　　　⑭　遺族補償給付
⑮　遺族補償年金　　　　　⑯　遺族補償年金前払一時金
⑰　主としてその労働者によって生計を維持していた
⑱　その収入によって生計を維持していた
⑲　その者と生計を同じくしていた
⑳　その者と同居していた

44

第1章　労働者災害補償保険法

解 答

A	⑮	遺族補償年金	（法16条の２）
B	⑱	その収入によって生計を維持していた	（法16条の２）
C	⑩	60歳	（法16条の２）
D	②	５級	（則15条）
E	⑨	55歳	（S40法附則43条）

完成文

　遺族補償年金を受けることができる遺族は、労働者の配偶者、子、父母、孫、祖父母及び兄弟姉妹であって、労働者の死亡の当時その収入によって生計を維持していたものとする。ただし、妻（婚姻の届出をしていないが、事実上婚姻関係と同様の事情にあった者を含む。）以外の者にあっては、労働者の死亡の当時以下の要件に該当した場合に限るものとする。

(1)　夫（婚姻の届出をしていないが、事実上婚姻関係と同様の事情にあった者を含む。）、父母又は祖父母については、60歳以上であること。

(2)　子又は孫については、18歳に達する日以後の最初の３月31日までの間にあること。

(3)　兄弟姉妹については、18歳に達する日以後の最初の３月31日までの間にあること又は60歳以上であること。

(4)　以上の要件に該当しない夫、子、父母、孫、祖父母又は兄弟姉妹については、障害等級の第５級以上等の障害の状態にあること。

　なお、夫、父母、祖父母及び兄弟姉妹については55歳以上60歳未満であっても遺族補償年金を受けることができる遺族とする。

45

第1章　労働者災害補償保険法

問題16　遺族補償年金の額の改定、支給停止　難易度 B

Check欄　A☐☐☐　B☐☐☐　C☐☐☐　D☐☐☐　E☐☐☐

1　遺族補償年金を受ける権利を有する遺族が　［　A　］　であり、かつ、当該　［　A　］　と生計を同じくしている遺族補償年金を受けることができる遺族がない場合において、当該　［　A　］　が以下(1)・(2)のいずれかに該当するに至ったときは、その　［　B　］　から、遺族補償年金の額を改定する。

(1)　［　C　］　に達したとき（厚生労働省令で定める障害の状態にあるときを除く。）。

(2)　厚生労働省令で定める障害の状態になり、又はその事情がなくなったとき（　［　C　］　以上であるときを除く。）。

2　遺族補償年金を受ける権利を有する者の所在が　［　D　］　以上明らかでない場合には、当該遺族補償年金は、同順位者があるときは同順位者の、同順位者がないときは次順位者の申請によって、その所在が明らかでない間、その支給を停止する。この場合において、同順位者がないときは、その間、次順位者を先順位者とする。

　上記の規定により遺族補償年金の支給を停止された遺族は、　［　E　］　、その支給の停止の解除を申請することができる。

46

第1章　労働者災害補償保険法

┌─選択肢─
①　1年　　　　　②　1年6か月　　　③　3年
④　6か月　　　　⑤　40歳　　　　　⑥　55歳
⑦　60歳　　　　⑧　65歳　　　　　⑨　いつでも
⑩　夫　　　　　⑪　該当するに至った月
⑫　該当するに至った月の前月
⑬　該当するに至った月の属する年の翌年
⑭　該当するに至った月の翌月
⑮　所在が明らかになった日の翌日から1年以内に　　　⑯　妻
⑰　停止されてから1年を経過した日後
⑱　停止の申請をした者の同意を得て
⑲　配偶者　　　⑳　父母

第1章　労働者災害補償保険法

解　答

A	⑯	妻	（法16条の3）
B	⑭	該当するに至った月の翌月	（法16条の3）
C	⑥	55歳	（法16条の3）
D	①	1年	（法16条の5）
E	⑨	いつでも	（法16条の5）

―――――――――――――――――――― 第1章　労働者災害補償保険法

完成文

1　遺族補償年金を受ける権利を有する遺族が妻であり、かつ、当該妻と生計を同じくしている遺族補償年金を受けることができる遺族がない場合において、当該妻が以下(1)・(2)のいずれかに該当するに至ったときは、その該当するに至った月の翌月から、遺族補償年金の額を改定する。

(1)　55歳に達したとき(厚生労働省令で定める障害の状態にあるときを除く。)。

(2)　厚生労働省令で定める障害の状態になり、又はその事情がなくなったとき(55歳以上であるときを除く。)。

2　遺族補償年金を受ける権利を有する者の所在が1年以上明らかでない場合には、当該遺族補償年金は、同順位者があるときは同順位者の、同順位者がないときは次順位者の申請によって、その所在が明らかでない間、その支給を停止する。この場合において、同順位者がないときは、その間、次順位者を先順位者とする。

　　上記の規定により遺族補償年金の支給を停止された遺族は、いつでも、その支給の停止の解除を申請することができる。

49

第1章　労働者災害補償保険法

問題17　遺族補償年金の受給権の消滅　　難易度 C

Check欄 A□□□　B□□□□　C□□□□　D□□□□　E□□□

　　　　A　　を受ける権利は、その権利を有する遺族が以下のいずれかに該当するに至ったときは、消滅する。

　　この場合において、同順位者がなくて後順位者があるときは、　　B　　に　　A　　を支給する。

(1)　死亡したとき。

(2)　婚姻（届出をしていないが、事実上婚姻関係と同様の事情にある場合を含む。）をしたとき。

(3)　　　C　　の養子（届出をしていないが、事実上養子縁組関係と同様の事情にある者を含む。）となったとき。

(4)　離縁によって、死亡した労働者との親族関係が終了したとき。

(5)　　　D　　については、18歳に達した日以後の最初の3月31日が終了したとき（労働者の死亡の時から引き続き障害等級第　　E　　以上等の障害状態にあるときを除く。）

(6)　労働者の死亡当時障害等級第　　E　　以上等の障害状態にあったことにより受給資格を有する者については、その障害の状態がなくなったとき。

第 1 章　労働者災害補償保険法

選択肢

① 　3 級　　　　　② 　5 級　　　　　③ 　7 級
④ 　14級　　　　　⑤ 　遺族特別支給金　　⑥ 　遺族補償一時金
⑦ 　遺族補償給付　　　　　　　　　　⑧ 　遺族補償年金
⑨ 　子、父母、孫、祖父母又は兄弟姉妹　⑩ 　子、父母又は孫
⑪ 　子、孫又は兄弟姉妹　　　　　　　⑫ 　後順位者のすべて
⑬ 　後順位者を代表する者　　　　　　⑭ 　子又は孫
⑮ 　最後順位者　　　　　　　　　　　⑯ 　次順位者
⑰ 　直系血族以外の者　　　　　　　　⑱ 　直系血族の者
⑲ 　直系血族又は直系姻族以外の者
⑳ 　直系血族又は直系姻族の者

51

第1章　労働者災害補償保険法

解　答

A	⑧	遺族補償年金	（法16条の４）
B	⑯	次順位者	（法16条の４）
C	⑲	直系血族又は直系姻族以外の者	（法16条の４）
D	⑪	子、孫又は兄弟姉妹	（法16条の４）
E	②	５級	（則15条）

第1章　労働者災害補償保険法

完成文

遺族補償年金を受ける権利は、その権利を有する遺族が以下のいずれかに該当するに至ったときは、消滅する。

この場合において、同順位者がなくて後順位者があるときは、次順位者に遺族補償年金を支給する。

(1)　死亡したとき。

(2)　婚姻（届出をしていないが、事実上婚姻関係と同様の事情にある場合を含む。）をしたとき。

(3)　直系血族又は直系姻族以外の者の養子（届出をしていないが、事実上養子縁組関係と同様の事情にある者を含む。）となったとき。

(4)　離縁によって、死亡した労働者との親族関係が終了したとき。

(5)　子、孫又は兄弟姉妹については、18歳に達した日以後の最初の3月31日が終了したとき（労働者の死亡の時から引き続き障害等級第5級以上等の障害状態にあるときを除く。）

(6)　労働者の死亡当時障害等級第5級以上等の障害状態にあったことにより受給資格を有する者については、その障害の状態がなくなったとき。

53

第1章　労働者災害補償保険法

問題18　遺族補償一時金　　難易度 B

Check欄　A ☐☐☐　B ☐☐☐　C ☐☐☐　D ☐☐☐　E ☐☐☐

1　遺族補償一時金は、次のいずれかの場合に支給される。

(1)　労働者の死亡当時遺族補償年金を受けることができる遺族がいないとき。

(2)　遺族補償年金の受給権を有する者の権利が消滅した場合において、他に当該遺族補償年金を受けることができる遺族がなく、かつ、すでに支給された遺族補償年金及び遺族補償年金前払一時金の額の合計額が給付基礎日額の　 A 　分に満たないとき。

2　遺族補償一時金は、次に掲げる遺族のうち最先順位者に支給される。

(1)　 B

(2)　労働者の死亡当時　 C 　していた　 D

(3)　上記(2)に該当しない　 D 　並びに　 E

選択肢

① 800日　　　　　② 1,000日　　　　③ 1,200日

④ 1,340日　　　　⑤ 夫、子、父母、孫及び祖父母

⑥ 夫、子、父母及び孫　　　　　　　⑦ 兄弟姉妹

⑧ 子、父母、孫及び祖父母　　　　　⑨ 子、父母及び孫

⑩ 主としてその労働者によって生計を維持

⑪ その収入によって生計を維持　　　⑫ その者と生計を同じく

⑬ その者と同居　　⑭ 祖父母　　　⑮ 祖父母及び兄弟姉妹

⑯ 妻　　　　　　　⑰ 妻及び子　　⑱ 弟妹

⑲ 配偶者　　　　　⑳ 配偶者及び子

54

第1章　労働者災害補償保険法

解答

A　②　1,000日　　　　　　　　　　（法16条の8、別表2）
B　⑲　配偶者　　　　　　　　　　　（法16条の7）
C　⑪　その収入によって生計を維持　（法16条の7）
D　⑧　子、父母、孫及び祖父母　　　（法16条の7）
E　⑦　兄弟姉妹　　　　　　　　　　（法16条の7）

完成文

1　遺族補償一時金は、次のいずれかの場合に支給される。

(1)　労働者の死亡当時遺族補償年金を受けることができる遺族がいないとき。

(2)　遺族補償年金の受給権を有する者の権利が消滅した場合において、他に当該遺族補償年金を受けることができる遺族がなく、かつ、すでに支給された**遺族補償年金**及び**遺族補償年金前払一時金**の額の合計額が給付基礎日額の1,000日分に満たないとき。

2　遺族補償一時金は、次に掲げる遺族のうち最先順位者に支給される。

(1)　配偶者

(2)　労働者の死亡当時その収入によって生計を維持していた子、父母、孫及び祖父母

(3)　上記(2)に該当しない子、父母、孫及び祖父母並びに兄弟姉妹

第1章　労働者災害補償保険法

問題19　受給資格の欠格、葬祭料　　難易度 B

Check欄　A □□□　B □□□　C □□□　D □□□　E □□□

1　労働者を　A　死亡させた者は、遺族補償給付を受けることができる遺族としない。

2　労働者の死亡前に、当該労働者の死亡によって遺族補償年金を受けることができる　B　の遺族となるべき者を　A　死亡させた者は、遺族補償年金を受けることができる遺族としない。

3　遺族補償年金を受けることができる遺族を　A　死亡させた者は、遺族補償一時金を受けることができる遺族としない。労働者の死亡前に、当該労働者の死亡によって遺族補償年金を受けることができる遺族となるべき者を　A　死亡させた者も、同様とする。

4　遺族補償年金を受けることができる遺族が、遺族補償年金を受けることができる　B　の他の遺族を　A　死亡させたときは、その者は、遺族補償年金を受けることができる遺族でなくなる。この場合において、その者が遺族補償年金を受ける権利を有する者であるときは、その権利は、消滅する。

5　労働者が業務上の事由により死亡した場合においては、　C　に対し、その請求に基づき葬祭料が支給される。葬祭料は、通常葬祭に要する費用を考慮して厚生労働大臣が定める金額とされ、その額は、　D　に給付基礎日額の　E　を加えた額であり、その額が給付基礎日額の60日分に満たないときは、給付基礎日額の60日分とされる。

第 1 章　労働者災害補償保険法

選択肢

①	10日分	②	15日分	③	30日分
④	45日分	⑤	280,000円	⑥	300,000円
⑦	310,000円	⑧	315,000円	⑨	故意に

⑩　故意又は過失により　　　　⑪　故意又は重大な過失により

⑫　重大な過失により　　　　⑬　先順位

⑭　先順位又は後順位　　　　⑮　先順位又は同順位

⑯　葬祭を行う者　　⑰　葬祭を行った者　　⑱　同順位

⑲　労働者の死亡当時その収入によって生計を維持していた者

⑳　労働者の死亡当時その者と生計を同じくしていた者

第 1 章　労働者災害補償保険法

解　答

A	⑨	故意に	（法16条の 9 ）
B	⑮	先順位又は同順位	（法16条の 9 ）
C	⑯	葬祭を行う者	（法12条の 8 ）
D	⑧	315,000円	（則17条）
E	③	30日分	（則17条）

第1章 労働者災害補償保険法

完成文

1　労働者を故意に死亡させた者は、**遺族補償給付**を受けることができる遺族としない。

2　労働者の死亡前に、当該労働者の死亡によって遺族補償年金を受けることができる先順位又は同順位の遺族となるべき者を故意に死亡させた者は、**遺族補償年金**を受けることができる遺族としない。

3　遺族補償年金を受けることができる遺族を故意に死亡させた者は、**遺族補償一時金**を受けることができる遺族としない。労働者の死亡前に、当該労働者の死亡によって遺族補償年金を受けることができる遺族となるべき者を故意に死亡させた者も、同様とする。

4　遺族補償年金を受けることができる遺族が、遺族補償年金を受けることができる先順位又は同順位の他の遺族を故意に死亡させたときは、その者は、遺族補償年金を受けることができる遺族でなくなる。この場合において、その者が遺族補償年金を受ける権利を有する者であるときは、その権利は、消滅する。

5　労働者が業務上の事由により死亡した場合においては、葬祭を行う者に対し、その請求に基づき葬祭料が支給される。葬祭料は、通常葬祭に要する費用を考慮して厚生労働大臣が定める金額とされ、その額は、315,000円に給付基礎日額の30日分を加えた額であり、その額が給付基礎日額の**60**日分に満たないときは、給付基礎日額の**60**日分とされる。

第1章　労働者災害補償保険法

問題20　二次健康診断等給付

難易度 **A**

Check欄 A☐☐☐　B☐☐☐　C☐☐☐　D☐☐☐　E☐☐☐

1　二次健康診断等給付は、労働安全衛生法の規定による健康診断のうち、直近のもの（一次健康診断）において、血圧検査、血液検査その他業務上の事由による　A　の発生にかかわる身体の状態に関する検査であって、厚生労働省令で定めるものが行われた場合において、当該検査を受けた労働者がそのいずれの項目にも異常の所見があると診断されたときに、当該労働者（当該一次健康診断の結果その他の事情により既に脳血管疾患又は心臓疾患の症状を有すると認められるものを除く。）に対し、その請求に基づいて行う。

2　二次健康診断等給付の範囲は、次のとおりとする。

⑴　B　の状態を把握するために必要な検査（上記1の検査を除く。）であって厚生労働省令で定めるものを行う医師による健康診断（1年度につき1回に限る。「二次健康診断」という。）

⑵　二次健康診断の結果に基づき、　A　の　C　ため、面接により行われる　D　による保健指導（二次健康診断ごとに1回に限る。「　E　」という。）

3　政府は、二次健康診断の結果その他の事情により既に脳血管疾患又は心臓疾患の症状を有すると認められる労働者については、当該二次健康診断に係る　E　を行わないものとする。

4　二次健康診断等給付を受けようとする者は、一定の事項を記載した請求書を、当該二次健康診断等給付を受けようとする健診給付病院等を経由して所轄都道府県労働局長に提出しなければならない。

5　二次健康診断等給付の請求は、一次健康診断を受けた日から3か月以内に行わなければならない。ただし、天災その他請求をしなかったことについてやむを得ない理由があるときは、この限りでない。

60

第1章　労働者災害補償保険法

選択肢

① 悪化を防ぐ	② 医師	③ 医師又は看護師
④ 医師又は保健師	⑤ 回復を図る	⑥ 胸腹部臓器
⑦ 胸腹部臓器疾患	⑧ 呼吸器	⑨ 呼吸器疾患
⑩ 消化器	⑪ 消化器疾患	⑫ 治療の
⑬ 特殊保健指導	⑭ 特定保健指導	⑮ 特別保健指導
⑯ 特例保健指導	⑰ 脳血管及び心臓	
⑱ 脳血管疾患及び心臓疾患	⑲ 発生の予防を図る	
⑳ 保健師		

第1章　労働者災害補償保険法

解　答

A　⑱　**脳血管疾患及び心臓疾患**　　（法26条）
B　⑰　**脳血管及び心臓**　　（法26条）
C　⑲　**発生の予防を図る**　　（法26条）
D　④　**医師又は保健師**　　（法26条）
E　⑭　**特定保健指導**　　（法26条）

第1章　労働者災害補償保険法

完成文

1　二次健康診断等給付は、労働安全衛生法の規定による健康診断のうち、直近のもの(一次健康診断)において、血圧検査、血液検査その他業務上の事由による脳血管疾患及び心臓疾患の発生にかかわる身体の状態に関する検査であって、厚生労働省令で定めるものが行われた場合において、当該検査を受けた労働者がそのいずれの項目にも異常の所見があると診断されたときに、当該労働者(当該一次健康診断の結果その他の事情により既に脳血管疾患又は心臓疾患の症状を有すると認められるものを除く。)に対し、その請求に基づいて行う。

2　二次健康診断等給付の範囲は、次のとおりとする。

　(1)　脳血管及び心臓の状態を把握するために必要な検査(上記1の検査を除く。)であって厚生労働省令で定めるものを行う医師による健康診断(1年度につき1回に限る。「二次健康診断」という。)

　(2)　二次健康診断の結果に基づき、脳血管疾患及び心臓疾患の発生の予防を図るため、面接により行われる医師又は保健師による保健指導(二次健康診断ごとに1回に限る。「特定保健指導」という。)

3　政府は、二次健康診断の結果その他の事情により既に脳血管疾患又は心臓疾患の症状を有すると認められる労働者については、当該二次健康診断に係る特定保健指導を行わないものとする。

4　二次健康診断等給付を受けようとする者は、一定の事項を記載した請求書を、当該二次健康診断等給付を受けようとする健診給付病院等を経由して所轄都道府県労働局長に提出しなければならない。

5　二次健康診断等給付の請求は、一次健康診断を受けた日から3か月以内に行わなければならない。ただし、天災その他請求をしなかったことについてやむを得ない理由があるときは、この限りでない。

63

第1章　労働者災害補償保険法

問題21　支給制限等　　　　　　　難易度 B

Check欄　A☐☐☐　B☐☐☐　C☐☐☐　D☐☐☐　E☐☐☐

1　労働者が、　A　　負傷、疾病、障害若しくは死亡又はその直接の　B　　となった事故を生じさせたときは、政府は、保険給付を行わない。

2　労働者が　C　　若しくは重大な過失により、又は　D　　療養に関する指示に従わないことにより、負傷、疾病、障害若しくは死亡若しくはこれらの　B　　となった事故を生じさせ、又は負傷、疾病若しくは障害の程度を増進させ、若しくはその回復を妨げたときは、政府は、保険給付の全部又は一部を行わないことができる。

3　労働者が、次のいずれかに該当する場合には、　E　　は、行わない。

ア　刑事施設、労役場その他これらに準ずる施設に拘禁されている場合

イ　少年院その他これに準ずる施設に収容されている場合

4　政府は、保険給付を受ける権利を有する者が、　D　　、届出をせず、若しくは書類その他の物件の提出をしないとき、又は行政庁による命令に従わないときは、保険給付の支払を一時差し止めることができる。

第1章　労働者災害補償保険法

選択肢

A	① 故意に　　　　　　② 故意の犯罪行為により ③ 重過失により　　　④ 犯罪行為により
B	① 原因　　② 原因又は要因　　③ 行為　　④ 要因
C	① 著しい不行跡　　　② 故意 ③ 故意の犯罪行為　　④ 犯罪
D	① 正当な理由がなくて　　　② 理由がなくて ③ 理由の有無にかかわらず　④ 理由を問わず
E	① 休業補償給付　　　② 障害補償年金 ③ 傷病補償年金　　　④ 療養補償給付

第1章　労働者災害補償保険法

解　答

A	①	故意に	（法12条の2の2）
B	①	原因	（法12条の2の2）
C	③	故意の犯罪行為	（法12条の2の2）
D	①	正当な理由がなくて	（法12条の2の2、47条の3）
E	①	休業補償給付	（法14条の2）

第1章　労働者災害補償保険法

完成文

1　労働者が、故意に負傷、疾病、障害若しくは死亡又はその**直接の原因**となった事故を生じさせたときは、政府は、**保険給付を行わない**。

2　労働者が故意の犯罪行為若しくは**重大な過失**により、又は正当な理由がなくて**療養に関する指示に従わない**ことにより、負傷、疾病、障害若しくは死亡若しくはこれらの原因となった事故を生じさせ、又は負傷、疾病若しくは障害の程度を**増進**させ、若しくはその**回復を妨げた**ときは、政府は、保険給付の**全部又は一部を行わないことができる**。

3　労働者が、次のいずれかに該当する場合には、休業補償給付は、行わない。

　ア　刑事施設、労役場その他これらに準ずる施設に拘禁されている場合

　イ　少年院その他これに準ずる施設に収容されている場合

4　政府は、保険給付を受ける権利を有する者が、正当な理由がなくて、届出をせず、若しくは書類その他の物件の提出をしないとき、又は行政庁による命令に従わないときは、保険給付の**支払を一時差し止めることができる**。

第1章　労働者災害補償保険法

問題22　給付基礎日額　　難易度 **A**

Check欄　A ☐☐☐　B ☐☐☐　C ☐☐☐　D ☐☐☐　E ☐☐☐

1　給付基礎日額は、平均賃金相当額が　　A　　に満たない場合は、原則として　　A　　とする。

2　複数事業労働者の業務上の事由、複数事業労働者の二以上の事業の業務を要因とする事由又は複数事業労働者の通勤による負傷、疾病、障害又は死亡により、当該複数事業労働者、その遺族その他厚生労働省令で定める者に対して保険給付を行う場合における給付基礎日額は、当該複数事業労働者を使用する事業ごとに算定した給付基礎日額　　B　　を基礎として、厚生労働省令で定めるところによって政府が算定する額とする。

3　給付基礎日額を算定すべき事由が発生した日の属する　　C　　の　　D　　以後の分として支給される年金たる保険給付には、スライド制の規定が適用される。

4　給付基礎日額に　　E　　未満の端数があるときは、これを　　E　　に切り上げるものとする。

選択肢

① 1円　　　② 1月　　　③ 4月　　　④ 6月
⑤ 8月　　　⑥ 10円　　⑦ 50円　　⑧ 100円
⑨ 最高限度額　　⑩ 最低賃金額　　⑪ 自動変更対象額
⑫ 賃金日額　　⑬ に相当する額を合算した額
⑭ 年度　　　⑮ 年度の前年度　　　⑯ 年度の翌年度
⑰ 年度の翌々年度　　　⑱ のうち、最も高い額
⑲ のうち、最も低い額　　⑳ のうち、労働者が選択した額

68

第1章　労働者災害補償保険法

解答

A	⑪	自動変更対象額	（則9条）
B	⑬	に相当する額を合算した額	（法8条）
C	⑰	年度の翌々年度	（法8条の3）
D	⑤	8月	（法8条の3）
E	①	1円	（法8条の5）

完成文

1　給付基礎日額は、平均賃金相当額が自動変更対象額に満たない場合は、原則として自動変更対象額とする。

2　複数事業労働者の業務上の事由、複数事業労働者の二以上の事業の業務を要因とする事由又は複数事業労働者の通勤による負傷、疾病、障害又は死亡により、当該複数事業労働者、その遺族その他厚生労働省令で定める者に対して保険給付を行う場合における給付基礎日額は、当該複数事業労働者を使用する事業ごとに算定した給付基礎日額に相当する額を合算した額を基礎として、厚生労働省令で定めるところによって政府が算定する額とする。

3　給付基礎日額を算定すべき事由が発生した日の属する年度の翌々年度の8月以後の分として支給される年金たる保険給付には、スライド制の規定が適用される。

4　給付基礎日額に1円未満の端数があるときは、これを1円に切り上げるものとする。

69

第1章　労働者災害補償保険法

問題23　休業給付基礎日額　　　難易度 B

Check欄　A ☐☐☐　B ☐☐☐　C ☐☐☐　D ☐☐☐　E ☐☐☐

1　スライド制が適用される場合の休業給付基礎日額は、四半期ごとの平均給与額（厚生労働省において作成する　　A　　における毎月きまって支給する給与の額を基礎として厚生労働省令で定めるところにより算定した労働者1人当たりの給与の1か月平均額）が、算定事由発生日の属する四半期の平均給与額の　　B　　に至った場合においては、その上昇し、又は低下した比率を基準として厚生労働大臣が定める率を法第8条の規定により給付基礎日額として算定した額に乗じて得た額とする。

　また、この場合の休業給付基礎日額は、その上昇し、又は低下するに至った　　C　　に属する最初の日以後に支給すべき事由が生じた休業（補償）等給付の額の算定の基礎とされる。

2　療養開始後　　D　　を経過した日以後に支給される休業（補償）等給付の算定の基礎となる給付基礎日額には、支給すべき事由が生じた日の属する　　E　　について、いわゆる年齢階層別の最低限度額及び最高限度額の規定が適用される。

70

第 1 章　労働者災害補償保険法

┌─**選択肢**──
│ ①　1 年　　　　②　1 年 6 か月　　　③　3 年　　　　④　6 か月
│ ⑤　100分の110を超え、又は100分の83を下る
│ ⑥　100分の110を超え、又は100分の90を下る
│ ⑦　100分の120を超え、又は100分の83を下る
│ ⑧　100分の120を超え、又は100分の90を下る
│ ⑨　四半期　　　　　　　　　⑩　四半期の初日における年齢
│ ⑪　四半期の前々四半期　　　⑫　四半期の翌四半期
│ ⑬　四半期の翌々四半期　　　⑭　就労条件総合調査
│ ⑮　賃金構造基本統計調査　　⑯　月の初日における年齢
│ ⑰　年の初日における年齢　　⑱　年度の初日における年齢
│ ⑲　毎月勤労統計　　　　　　⑳　労働力調査
└──

71

第1章　労働者災害補償保険法

解　答

A	⑲	毎月勤労統計	（法8条の2）
B	⑥	100分の110を超え、又は100分の90を下る	（法8条の2）
C	⑬	四半期の翌々四半期	（法8条の2）
D	②	1年6か月	（法8条の2）
E	⑩	四半期の初日における年齢	（法8条の2）

第 1 章　労働者災害補償保険法

完成文

1　スライド制が適用される場合の休業給付基礎日額は、**四半期**ごとの**平均給与額**（厚生労働省において作成する毎月勤労統計における毎月きまって支給する給与の額を基礎として厚生労働省令で定めるところにより算定した労働者 1 人当たりの給与の 1 か月平均額）が、**算定事由発生日**の属する**四半期**の**平均給与額**の100分の110を超え、又は100分の90を下るに至った場合においては、その上昇し、又は低下した比率を基準として厚生労働大臣が定める率を法第 8 条の規定により給付基礎日額として算定した額に乗じて得た額とする。

　　また、この場合の休業給付基礎日額は、その上昇し、又は低下するに至った四半期の翌々四半期に属する最初の日以後に支給すべき事由が生じた休業（補償）等給付の額の算定の基礎とされる。

2　療養開始後 1 年 6 か月を経過した日以後に支給される休業（補償）等給付の算定の基礎となる給付基礎日額には、支給すべき事由が生じた日の属する四半期の初日における年齢について、いわゆる年齢階層別の最低限度額及び最高限度額の規定が適用される。

※　本問題集では、業務災害に関する保険給付、複数業務要因災害に関する保険給付及び通勤災害に関する保険給付をまとめて表記している箇所があります。例えば本問における「休業（補償）等給付」とは、休業補償給付、複数事業労働者休業給付、休業給付をまとめて表記しています。

73

第1章　労働者災害補償保険法

問題24　年金の支給期間等、死亡の推定　難易度 B

Check欄　A ☐☐☐　B ☐☐☐　C ☐☐☐　D ☐☐☐　E ☐☐☐

1　年金たる保険給付の支給は、支給すべき事由が生じた　[A]　始め、支給を受ける権利が消滅した月で終わるものとする。

2　年金たる保険給付は、その支給を停止すべき事由が生じたときは、その事由が生じた　[A]　その事由が消滅した月までの間は、支給しない。

3　年金たる保険給付は、毎年2月、4月、6月、8月、10月及び12月の6期に、それぞれその前月分までを支払う。ただし、支給を受ける権利が消滅した場合におけるその期の年金たる保険給付は、支払期月でない月であっても、支払うものとする。

4　船舶が沈没し、転覆し、滅失し、若しくは行方不明となった際現にその船舶に乗っていた労働者若しくは船舶に乗っていてその船舶の航行中に行方不明となった労働者の生死が　[B]　間わからない場合又はこれらの労働者の死亡が　[B]　以内に明らかとなり、かつ、その死亡の時期がわからない場合には、　[C]　の支給に関する規定の適用については、その船舶が沈没し、転覆し、滅失し、若しくは　[D]　又は労働者が　[D]　に、当該労働者は、死亡したものと　[E]　。航空機が墜落し、滅失し、若しくは行方不明となった際現にその航空機に乗っていた労働者若しくは航空機に乗っていてその航空機の航行中行方不明となった労働者の生死が　[B]　間わからない場合又はこれらの労働者の死亡が　[B]　以内に明らかとなり、かつ、その死亡の時期がわからない場合にも、同様とする。

74

第 1 章　労働者災害補償保険法

選択肢

① 　1 か月　　　　② 　1 年　　　　③ 　3 か月　　　　④ 　6 か月

⑤ 　遺族補償給付

⑥ 　遺族補償給付、葬祭料、遺族給付及び葬祭給付

⑦ 　遺族補償給付及び葬祭料　　　　　　　　⑧ 　計算する

⑨ 　推定する　　　　　⑩ 　葬祭料　　　　⑪ 　月から

⑫ 　月の前月から　　　⑬ 　月の翌月から　　⑭ 　月の翌々月から

⑮ 　みなす　　　　　　⑯ 　行方不明となった日

⑰ 　行方不明となって 1 年が経過した日

⑱ 　行方不明となって 3 か月が経過した日

⑲ 　行方不明となって 6 か月が経過した日

⑳ 　予測する

75

第1章 労働者災害補償保険法

解　答

A	⑬	月の翌月から	（法9条）
B	③	3か月	（法10条）
C	⑥	遺族補償給付、葬祭料、遺族給付及び葬祭給付	（法10条）
D	⑯	行方不明となった日	（法10条）
E	⑨	推定する	（法10条）

第1章　労働者災害補償保険法

完成文

1　年金たる保険給付の支給は、**支給すべき事由が生じた月の翌月**から始め、**支給を受ける権利が消滅した月**で終わるものとする。

2　年金たる保険給付は、その支給を停止すべき事由が生じたときは、その事由が生じた月の翌月からその事由が消滅した月までの間は、支給しない。

3　年金たる保険給付は、**毎年2月、4月、6月、8月、10月及び12月の6期**に、それぞれその**前月分**までを支払う。ただし、支給を受ける権利が消滅した場合におけるその期の年金たる保険給付は、支払期月でない月であっても、支払うものとする。

4　船舶が沈没し、転覆し、滅失し、若しくは行方不明となった際現にその船舶に乗っていた労働者若しくは船舶に乗っていてその船舶の航行中に行方不明となった労働者の生死が3か月間わからない場合又はこれらの労働者の死亡が3か月以内に明らかとなり、かつ、その死亡の時期がわからない場合には、遺族補償給付、葬祭料、遺族給付及び葬祭給付の支給に関する規定の適用については、その船舶が沈没し、転覆し、滅失し、若しくは行方不明となった日又は労働者が行方不明となった日に、当該労働者は、死亡したものと推定する。航空機が墜落し、滅失し、若しくは行方不明となった際現にその航空機に乗っていた労働者若しくは航空機に乗っていてその航空機の航行中行方不明となった労働者の生死が3か月間わからない場合又はこれらの労働者の死亡が3か月以内に明らかとなり、かつ、その死亡の時期がわからない場合にも、同様とする。

第1章　労働者災害補償保険法

問題25　未支給の保険給付　　難易度 B

Check欄 A☐☐☐　B☐☐☐　C☐☐☐　D☐☐☐　E☐☐☐

1　　　A　　を受ける権利を有する者が死亡した場合において、その死亡した者に支給すべき　　A　　でまだその者に支給しなかったものがあるときは、その者の配偶者（婚姻の届出をしていないが、事実上婚姻関係と同様の事情にあった者を含む。以下同じ。）、子、父母、　　B　　であって、その者の死亡の当時その者　　C　　していたもの（　　D　　については当該　　D　　を受けることができる他の遺族）は、　　E　　で、その未支給の　　A　　の支給を請求することができる。

2　上記1の場合において、死亡した者が死亡前にその　　A　　を請求していなかったときは、上記1に規定する者は、　　E　　で、その　　A　　を請求することができる。

3　未支給の　　A　　を受けるべき者の順位は、上記1に規定する順序（　　D　　については一定の順序）による。

4　未支給の　　A　　を受けるべき同順位者が2人以上あるときは、その1人がした請求は、全員のためその全額につきしたものとみなし、その1人に対してした支給は、全員に対してしたものとみなす。

78

第1章　労働者災害補償保険法

選択肢

①	遺族（補償）等一時金	②	遺族（補償）等給付
③	遺族（補償）等年金	④	自己の名
⑤	自己の名及び死亡した者の名		
⑥	自己の名又は死亡した者の名		
⑦	死亡した者の名	⑧	障害（補償）等給付
⑨	祖父母、孫又は兄弟姉妹	⑩	祖父母又は孫
⑪	特別支給金	⑫	と生計を同じく
⑬	と同居	⑭	により主として生計を維持
⑮	により生計を維持	⑯	年金たる保険給付
⑰	保険給付	⑱	保険給付又は特別支給金
⑲	孫、祖父母又は兄弟姉妹	⑳	孫又は祖父母

第1章　労働者災害補償保険法

解　答

A　⑰　保険給付　　　　　　　　（法11条）
B　⑲　孫、祖父母又は兄弟姉妹　（法11条）
C　⑫　と生計を同じく　　　　　（法11条）
D　③　遺族（補償）等年金　　　（法11条）
E　④　自己の名　　　　　　　　（法11条）

第1章　労働者災害補償保険法

完成文

1　保険給付を受ける権利を有する者が死亡した場合において、その死亡した者に支給すべき保険給付でまだその者に支給しなかったものがあるときは、その者の**配偶者**（婚姻の届出をしていないが、事実上婚姻関係と同様の事情にあった者を含む。以下同じ。）、**子**、**父母**、孫、祖父母又は兄弟姉妹であって、その者の死亡の当時その者と生計を同じくしていたもの（遺族（補償）等年金については当該遺族（補償）等年金を受けることができる**他の遺族**）は、自己の名で、その未支給の保険給付の支給を請求することができる。

2　上記1の場合において、死亡した者が死亡前にその保険給付を請求していなかったときは、上記1に規定する者は、自己の名で、その保険給付を請求することができる。

3　未支給の保険給付を受けるべき者の順位は、上記1に規定する順序（遺族（補償）等年金については一定の順序）による。

4　未支給の保険給付を受けるべき同順位者が2人以上あるときは、その1人がした請求は、**全員**のためその**全額**につきしたものとみなし、その1人に対してした支給は、**全員**に対してしたものとみなす。

81

第1章　労働者災害補償保険法

問題26　支払の調整

難易度 A

Check欄 A ☐☐☐　B ☐☐☐　C ☐☐☐　D ☐☐☐　E ☐☐

1　同一の業務上の事由、複数事業労働者の二以上の事業の業務を要因とする事由又は通勤による負傷又は疾病（同一の傷病）に関し、年金たる保険給付（　A　を除く。以下「乙年金」という。）を受ける権利を有する労働者が他の年金たる保険給付（　A　を除く。以下「甲年金」という。）を受ける権利を有することとなり、かつ、乙年金を受ける権利が消滅した場合において、その消滅した月の翌月以後の分として乙年金が支払われたときは、その支払われた乙年金は、甲年金　B　。同一の傷病に関し、年金たる保険給付（　A　を除く。）を受ける権利を有する労働者が　C　（補償）等給付又は　D　（補償）等一時金を受ける権利を有することとなり、かつ、当該年金たる保険給付を受ける権利が消滅した場合において、その消滅した月の翌月以後の分として当該年金たる保険給付が支払われたときも、同様とする。

2　同一の傷病に関し、　C　（補償）等給付を受けている労働者が　E　を受ける権利を有することとなり、かつ、　C　（補償）等給付を行わないこととなった場合において、その後も　C　（補償）等給付が支払われたときは、その支払われた　C　（補償）等給付は、当該　E　　B　。

3　年金たる保険給付を受ける権利を有する者が死亡したためその支給を受ける権利が消滅したにもかかわらず、その死亡の日の属する月の翌月以後の分として当該年金たる保険給付の過誤払が行われた場合において、当該過誤払による返還金に係る債権（返還金債権）に係る債務の弁済をすべき者に支払うべき保険給付があるときは、厚生労働省令で定めるところにより、当該保険給付の支払金の金額を当該過誤払による返還金債権の金額に充当することができる。

82

第1章　労働者災害補償保険法

選択肢

① 遺族	② 遺族（補償）等年金	
③ 遺族補償年金	④ 打切	⑤ 介護
⑥ 休業	⑦ 障害	⑧ 障害（補償）等給付
⑨ 障害（補償）等給付又は傷病（補償）等年金		
⑩ 障害（補償）等年金	⑪ 傷病（補償）等年金	
⑫ 特別	⑬ に充当する	
⑭ に充当することができる	⑮ 年金給付	
⑯ の内払とみなす	⑰ の内払とみなすことができる	
⑱ 分割	⑲ 療養	⑳ 療養（補償）等給付

第1章　労働者災害補償保険法

解　答

A　② 遺族（補償）等年金　　　　　　　　　　（法12条）

B　⑯ の内払とみなす　　　　　　　　　　　（法12条）

C　⑥ 休業　　　　　　　　　　　　　　　　（法12条）

D　⑦ 障害　　　　　　　　　　　　　　　　（法12条）

E　⑨ 障害（補償）等給付又は傷病（補償）等年金　（法12条）

第1章　労働者災害補償保険法

完成文

1　同一の業務上の事由、複数事業労働者の二以上の事業の業務を要因とする事由又は通勤による負傷又は疾病（同一の傷病）に関し、年金たる保険給付（遺族（補償）等年金を除く。以下「乙年金」という。）を受ける権利を有する労働者が他の年金たる保険給付（遺族（補償）等年金を除く。以下「甲年金」という。）を受ける権利を有することとなり、かつ、乙年金を受ける権利が消滅した場合において、その消滅した月の翌月以後の分として乙年金が支払われたときは、その支払われた乙年金は、甲年金の内払とみなす。同一の傷病に関し、年金たる保険給付（遺族（補償）等年金を除く。）を受ける権利を有する労働者が休業（補償）等給付又は障害（補償）等一時金を受ける権利を有することとなり、かつ、当該年金たる保険給付を受ける権利が消滅した場合において、その消滅した月の翌月以後の分として当該年金たる保険給付が支払われたときも、同様とする。

2　同一の傷病に関し、休業（補償）等給付を受けている労働者が障害（補償）等給付又は傷病（補償）等年金を受ける権利を有することとなり、かつ、休業（補償）等給付を行わないこととなった場合において、その後も休業（補償）等給付が支払われたときは、その支払われた休業（補償）等給付は、当該障害（補償）等給付又は傷病（補償）等年金の内払とみなす。

3　年金たる保険給付を受ける権利を有する者が死亡したためその支給を受ける権利が消滅したにもかかわらず、その死亡の日の属する月の翌月以後の分として当該年金たる保険給付の過誤払が行われた場合において、当該過誤払による返還金に係る債権（返還金債権）に係る債務の弁済をすべき者に支払うべき保険給付があるときは、厚生労働省令で定めるところにより、当該保険給付の支払金の金額を当該過誤払による返還金債権の金額に充当することができる。

85

第1章　労働者災害補償保険法

問題27　代位取得、控除等　　　難易度 B

Check欄　A ☐☐☐　B ☐☐☐　C ☐☐☐　D ☐☐☐　E ☐☐☐

1　偽りその他不正の手段により保険給付を受けた者があるときは、政府は、その保険給付に要した費用に相当する金額の全部又は一部をその者から徴収することができる。

2　上記1の場合において、事業主（徴収法の規定により元請負人が事業主とされる場合にあっては、当該元請負人。）が虚偽の報告又は証明をしたためその保険給付が行なわれたものであるときは、政府は、その事業主に対し、保険給付を受けた者と連帯して上記1の徴収金を納付すべきことを命ずることができる。

3　政府は、保険給付の原因である事故が第三者の行為によって生じた場合において、同一の事由について保険給付をしたときは、その給付の価額の限度で、災害発生後 ☐ A ☐ 以内に支給事由の生じたものについて、保険給付を受けた者が第三者に対して有する損害賠償の請求権を取得する。

4　上記3の場合において、保険給付を受けるべき者が当該第三者から ☐ B ☐ ときは、政府は、☐ C ☐、災害発生後 ☐ D ☐ 以内に支給事由の生じたものについて保険給付 ☐ E ☐。

第1章　労働者災害補償保険法

選択肢

① 1年 ② 1年6か月 ③ 3年 ④ 5年

⑤ 7年 ⑥ 8年 ⑦ 9年 ⑧ 10年

⑨ その価額にかかわらず ⑩ その価額の限度で

⑪ その価額を上回る部分につき

⑫ 損害賠償の事由、内容、損害てん補の程度等を総合的に勘案して政令で定める基準により

⑬ 損害賠償を受けた ⑭ 損害賠償を受けることができる

⑮ 同一の事由について損害賠償を受けた

⑯ 同一の事由について損害賠償を受けることができる

⑰ の支払を差し止める

⑱ の支払を差し止めることができる

⑲ をしない ⑳ をしないことができる

第1章　労働者災害補償保険法

解　答

A	④	5年	（法12条の4）
B	⑮	同一の事由について損害賠償を受けた	（法12条の4）
C	⑩	その価額の限度で	（法12条の4）
D	⑤	7年	（H25.3.29基発0329）
E	⑳	をしないことができる	（法12条の4）

第1章 労働者災害補償保険法

完成文

1　偽りその他不正の手段により保険給付を受けた者があるときは、政府は、その保険給付に要した費用に相当する金額の全部又は一部をその者から徴収することができる。

2　上記1の場合において、事業主(徴収法の規定により元請負人が事業主とされる場合にあっては、当該元請負人。)が虚偽の報告又は証明をしたためその保険給付が行なわれたものであるときは、政府は、その事業主に対し、保険給付を受けた者と連帯して上記1の徴収金を納付すべきことを命ずることができる。

3　政府は、保険給付の原因である事故が第三者の行為によって生じた場合において、同一の事由について保険給付をしたときは、その給付の価額の限度で、災害発生後5年以内に支給事由の生じたものについて、保険給付を受けた者が第三者に対して有する損害賠償の請求権を取得する。

4　上記3の場合において、保険給付を受けるべき者が当該第三者から同一の事由について損害賠償を受けたときは、政府は、その価額の限度で、災害発生後7年以内に支給事由の生じたものについて保険給付をしないことができる。

第1章　労働者災害補償保険法

問題28　事業主の損害賠償責任との調整　　難易度 A

Check欄　A□□□　B□□□　C□□□　D□□□　E□□□

　保険給付の原因である事故が、事業主の有責な行為等によって生じ、被災労働者又はその遺族に対して事業主に損害賠償責任が発生する場合がある。このような事故についての保険給付と事業主の損害賠償の調整の概要は、次のとおりである。

1　　A　　の受給権者(これらの年金の受給権を有することとなった時に、これらの年金に係る　B　　を請求できる者に限る。)が同一の事由について、

(1)　事業主から損害賠償(これらの年金給付によって塡補される損害を塡補する部分に限る。)を受けることができるときは、当分の間、その事業主は、これらの者の年金受給権が消滅するまでの間、これらの年金に係る　B　　の最高限度額(その損害の発生時における法定利率による現価)の限度で、当該損害賠償の　C　　。

(2)　上記(1)により損害賠償の　C　　場合において、年金給付又は　B　　の支給が行われたときは、事業主は　B　　の最高限度額(その損害の発生時における法定利率による現価)の限度で、当該損害賠償の責めを免れる。

2　労働者又はその遺族が、当該労働者を使用している事業主又は使用していた事業主から損害賠償を受けることができる場合であって、保険給付を受けるべきときに、同一の事由について、損害賠償(当該保険給付によって塡補される損害を塡補する部分に限る。)を受けたときは、政府は、　D　　の議を経て　E　　が定める基準により、その価額の限度で、保険給付をしないことができる。

90

第1章　労働者災害補償保険法

選択肢

① 遺族（補償）等年金　　② 学識経験者

③ 権利が消滅する　　　　④ 厚生労働省労働基準局長

⑤ 厚生労働大臣　　　　　⑥ 失権差額一時金給付

⑦ 社会保障審議会　　　　⑧ 障害（補償）等年金

⑨ 障害（補償）等年金又は遺族（補償）等年金

⑩ 障害（補償）等年金又は傷病（補償）等年金

⑪ 損害賠償の権利が消滅する

⑫ 損害賠償の履行猶予が解除される

⑬ 特別支給金　　　　　　⑭ 都道府県労働局長

⑮ 前払一時金給付　　　　⑯ 未支給年金

⑰ 履行が猶予される　　　⑱ 労働委員会

⑲ 労働基準監督署長　　　⑳ 労働政策審議会

第1章　労働者災害補償保険法

解　答

A	⑨	障害（補償）等年金又は遺族（補償）等年金	（法附則64条）
B	⑮	前払一時金給付	（法附則64条）
C	⑰	履行が猶予される	（法附則64条）
D	⑳	労働政策審議会	（法附則64条）
E	⑤	厚生労働大臣	（法附則64条）

第1章　労働者災害補償保険法

完成文

　　保険給付の原因である事故が、事業主の有責な行為等によって生じ、被災労働者又はその遺族に対して事業主に損害賠償責任が発生する場合がある。このような事故についての保険給付と事業主の損害賠償の調整の概要は、次のとおりである。

1　障害（補償）等年金又は遺族（補償）等年金の受給権者（これらの年金の受給権を有することとなった時に、これらの年金に係る前払一時金給付を請求できる者に限る。）が同一の事由について、

　⑴　事業主から損害賠償（これらの年金給付によって塡補される損害を塡補する部分に限る。）を受けることができるときは、当分の間、その事業主は、これらの者の年金受給権が消滅するまでの間、これらの年金に係る前払一時金給付の最高限度額（その損害の発生時における法定利率による現価）の限度で、当該損害賠償の履行が猶予される。

　⑵　上記⑴により損害賠償の履行が猶予される場合において、年金給付又は前払一時金給付の支給が行われたときは、事業主は前払一時金給付の最高限度額（その損害の発生時における法定利率による現価）の限度で、当該損害賠償の責めを免れる。

2　労働者又はその遺族が、当該労働者を使用している事業主又は使用していた事業主から損害賠償を受けることができる場合であって、保険給付を受けるべきときに、同一の事由について、損害賠償（当該保険給付によって塡補される損害を塡補する部分に限る。）を受けたときは、政府は、労働政策審議会の議を経て厚生労働大臣が定める基準により、その価額の限度で、保険給付をしないことができる。

第1章　労働者災害補償保険法

問題29　事業主からの費用徴収(1)　　難易度 A

Check欄　A□□□□　B□□□□　C□□□□　D□□□□　E□□□

1　政府は、以下のいずれかに該当する事故について保険給付を行ったとき
　は、厚生労働省令で定めるところにより、業務災害に関する保険給付に
　あっては労働基準法の規定による　 A 　の価額の限度又は船員法の規
　定による　 A 　のうち労働基準法の規定による　 A 　に相当する
　 A 　の価額の限度で、複数業務要因災害に関する保険給付にあって
　は複数業務要因災害を業務災害とみなした場合に支給されるべき業務災害
　に関する保険給付に相当する労働基準法の規定による　 A 　の価額
　(当該複数業務要因災害に係る事業ごとに算定した額に限る。)の限度で、
　通勤災害に関する保険給付にあっては通勤災害を業務災害とみなした場合
　に支給されるべき業務災害に関する保険給付に相当する労働基準法の規定
　による　 A 　の価額の限度で、その保険給付に要した費用に相当する
　金額の　 B 　ことができる。

　(1)　事業主が　 C 　保険関係成立届を提出していない期間(政府が認
　　　定決定をしたときは、その決定後の期間を除く。)中に生じた事故

　(2)　事業主が　 D 　を納付しない期間(督促状に指定する期限後の期
　　　間に限る。)中に生じた事故

　(3)　事業主が　 C 　生じさせた業務災害の原因である事故

2　上記1の規定による徴収金の額は、　 E 　が保険給付に要した費
　用、保険給付の種類、　 D 　の納入状況その他の事情を考慮して定め
　る基準に従い、所轄都道府県労働局長が定めるものとする。

―――――――――――――――― 第 1 章 　労働者災害補償保険法

選択肢

① 　一般保険料 　　　② 　過失により 　　　　　③ 　休業補償

④ 　故意に 　　　　　⑤ 　故意又は過失により

⑥ 　故意又は重大な過失により 　　　⑦ 　厚生労働省労働基準局長

⑧ 　厚生労働省労働基準所長 　　　⑨ 　厚生労働省労働局長

⑩ 　厚生労働大臣 　　　⑪ 　雇用保険料 　　　　⑫ 　災害補償

⑬ 　全部又は一部を事業主から徴収する

⑭ 　全部又は一部を保険給付を受けた者から徴収する

⑮ 　全部を事業主から徴収する

⑯ 　全部を保険給付を受けた者から徴収する

⑰ 　損害賠償 　　　⑱ 　特別加入保険料 　　　⑲ 　療養補償

⑳ 　労働保険料

第 1 章 労働者災害補償保険法

解 答

A	⑫	災害補償	（法31条）
B	⑬	全部又は一部を事業主から徴収する	（法31条）
C	⑥	故意又は重大な過失により	（法31条）
D	①	一般保険料	（法31条）
E	⑦	厚生労働省労働基準局長	（則44条）

第1章 労働者災害補償保険法

完成文

1 政府は、以下のいずれかに該当する事故について保険給付を行ったときは、厚生労働省令で定めるところにより、業務災害に関する保険給付にあっては労働基準法の規定による災害補償の価額の限度又は船員法の規定による災害補償のうち労働基準法の規定による災害補償に相当する災害補償の価額の限度で、複数業務要因災害に関する保険給付にあっては複数業務要因災害を業務災害とみなした場合に支給されるべき業務災害に関する保険給付に相当する労働基準法の規定による災害補償の価額（当該複数業務要因災害に係る事業ごとに算定した額に限る。）の限度で、通勤災害に関する保険給付にあっては通勤災害を業務災害とみなした場合に支給されるべき業務災害に関する保険給付に相当する労働基準法の規定による災害補償の価額の限度で、その保険給付に要した費用に相当する金額の全部又は一部を事業主から徴収することができる。

(1) 事業主が故意又は重大な過失により保険関係成立届を提出していない期間（政府が認定決定をしたときは、その決定後の期間を除く。）中に生じた事故

(2) 事業主が一般保険料を納付しない期間（督促状に指定する期限後の期間に限る。）中に生じた事故

(3) 事業主が故意又は重大な過失により生じさせた業務災害の原因である事故

2 上記1の規定による徴収金の額は、厚生労働省労働基準局長が保険給付に要した費用、保険給付の種類、一般保険料の納入状況その他の事情を考慮して定める基準に従い、所轄都道府県労働局長が定めるものとする。

第1章　労働者災害補償保険法

問題30　事業主からの費用徴収(2)　難易度 B

Check欄 A□□□　B□□□　C□□□　D□□□　E□□□

1　保険関係成立届を提出していない期間中に生じた事故について、保険給付を行った場合において、行政機関から労働者災害補償保険に係る保険関係成立届の提出について指導等を受けたにもかかわらず、提出を行っていない事業主については、　A　保険関係成立届の提出を行っていないものと認定し、保険給付の額に100分の　B　を乗じて得た額を徴収する。

　　また、行政機関から指導等を受けた事実はないものの、保険関係成立の日以降1年を経過してなお保険関係成立届を提出していない事業主については、　C　保険関係成立届の提出を行っていないものと認定し、保険給付の額に100分の　D　を乗じて得た額を徴収する。

2　上記1により費用徴収の対象となる保険給付は、療養を開始した日の翌日から起算して　E　以内の期間において支給事由が生じたもの(年金給付については、この期間に支給事由が生じ、かつ、この期間に支給すべき保険給付に限る。)とする。

選択肢

① 10　　　　② 20　　　　③ 30　　　　④ 40
⑤ 50　　　　⑥ 70　　　　⑦ 80　　　　⑧ 100
⑨ 1年　　　⑩ 2年　　　⑪ 3年　　　⑫ 5年
⑬ 過失により　　　　　　⑭ 軽微な過失により
⑮ 故意に　　　　　　　　⑯ 故意又は過失により
⑰ 故意又は重大な過失により
⑱ 事業主の責に帰すべき事由により
⑲ 重大な過失により　　　⑳ やむを得ない事由により

第1章　労働者災害補償保険法

解答

A	⑮	故意に	（H17. 9.22基発0922001）
B	⑧	100	（H17. 9.22基発0922001）
C	⑲	重大な過失により	（H17. 9.22基発0922001）
D	④	40	（H17. 9.22基発0922001）
E	⑪	3 年	（H17. 9.22基発0922001）

完成文

1　保険関係成立届を提出していない期間中に生じた事故について、保険給付を行った場合において、行政機関から労働者災害補償保険に係る保険関係成立届の提出について指導等を受けたにもかかわらず、提出を行っていない事業主については、故意に保険関係成立届の提出を行っていないものと認定し、保険給付の額に100分の100を乗じて得た額を徴収する。

　　また、行政機関から指導等を受けた事実はないものの、保険関係成立の日以降1年を経過してなお保険関係成立届を提出していない事業主については、重大な過失により保険関係成立届の提出を行っていないものと認定し、保険給付の額に100分の40を乗じて得た額を徴収する。

2　上記1により費用徴収の対象となる保険給付は、療養を開始した日の翌日から起算して3年以内の期間において支給事由が生じたもの（年金給付については、この期間に支給事由が生じ、かつ、この期間に支給すべき保険給付に限る。）とする。

99

第1章　労働者災害補償保険法

問題31　受給権の保護、保険給付の非課税、費用の負担

難易度 **B**

Check欄 A□□□ B□□□ C□□□ D□□□ E□□□

1　労働者災害補償保険法第12条の5の規定によれば、 A は、労働者の B によって変更されることはない。

2　 A は、 C ことができない。

3　租税その他の公課は、保険給付として支給を受けた D を標準として課することはできない。

4　国庫は、予算の範囲内において、労働者災害補償保険事業に要する費用の一部を E することができる。

選択肢

① 貨幣　　　② 金銭　　　③ 金品　　　④ 現物給付

⑤ 婚姻　　　⑥ 死亡　　　⑦ 助成　　　⑧ 退職

⑨ 定年　　　⑩ 負担

⑪ 保険給付を受ける権利

⑫ 保険給付を受ける権利（一時金たる保険給付を除く。）

⑬ 保険給付を受ける権利（現物給付を除く。）

⑭ 保険給付を受ける権利（年金たる保険給付を除く。）

⑮ 補助　　　⑯ 融資

⑰ 譲り渡し、担保に供し、又は差し押さえる

⑱ 譲り渡し、担保に供する　　　⑲ 譲り渡し、又は差し押さえる

⑳ 譲り渡す

100

第1章　労働者災害補償保険法

解　答

A	⑪	保険給付を受ける権利	（法12条の5）
B	⑧	退職	（法12条の5）
C	⑰	譲り渡し、担保に供し、又は差し押さえる	（法12条の5）
D	③	金品	（法12条の6）
E	⑮	補助	（法32条）

完成文

1　労働者災害補償保険法第12条の5の規定によれば、保険給付を受ける権利は、労働者の退職によって変更されることはない。

2　保険給付を受ける権利は、譲り渡し、担保に供し、又は差し押さえることができない。

3　租税その他の公課は、保険給付として支給を受けた金品を標準として課することはできない。

4　国庫は、予算の範囲内において、労働者災害補償保険事業に要する費用の一部を補助することができる。

101

第1章 労働者災害補償保険法

問題32 社会復帰促進等事業

難易度 **A**

Check欄 A ☐☐☐ B ☐☐☐ C ☐☐☐ D ☐☐☐ E ☐☐☐

1 政府は、労災保険の適用事業に係る労働者及びその遺族について、社会復帰促進等事業として、次の事業を行うことができる。

(1) 療養に関する施設及びリハビリテーションに関する施設の設置及び運営その他業務災害、複数業務要因災害及び通勤災害を被った労働者（以下「被災労働者」という。）の ☐ A ☐ するために必要な事業

(2) 被災労働者の療養生活の援護、被災労働者の受ける介護の援護、その遺族の ☐ B ☐ 、被災労働者及びその遺族が必要とする資金の貸付けによる援護その他被災労働者及びその遺族の援護を図るために必要な事業

(3) 業務災害の防止に関する活動に対する援助、健康診断に関する施設の設置及び運営その他労働者の ☐ C ☐ 、保険給付の適切な実施の確保並びに ☐ D ☐ を図るために必要な事業

2 政府は上記1の社会復帰促進等事業のうち、一部（未払賃金の立替払事業など）を ☐ E ☐ に行わせるものとする。

第1章　労働者災害補償保険法

選択肢

① 安全及び衛生の確保　　　② 円滑な社会復帰を促進

③ 快適な職場環境の形成　　　④ 機能回復を促進

⑤ 健康管理に関する責任体制の明確化

⑥ 権利の保護　　　⑦ 自己啓発　　　⑧ 就学の援護

⑨ 就学の費用の貸付　　　⑩ 就職の援護

⑪ 迅速な社会復帰を促進　　　⑫ 貯蓄金の保全措置

⑬ 賃金、労働時間等の管理　　　⑭ 賃金の支払の確保

⑮ 適正な作業環境の形成

⑯ 独立行政法人高齢・障害・求職者雇用支援機構

⑰ 独立行政法人福祉医療機構

⑱ 独立行政法人労働者健康安全機構

⑲ 独立行政法人労働政策研究・研修機構

⑳ 人たるに値する生活を保障

第1章 労働者災害補償保険法

解答

A ② 円滑な社会復帰を促進 （法29条）
B ⑧ 就学の援護 （法29条）
C ① 安全及び衛生の確保 （法29条）
D ⑭ 賃金の支払の確保 （法29条）
E ⑱ 独立行政法人労働者健康安全機構 （法29条）

第1章　労働者災害補償保険法

完成文

1　政府は、労災保険の適用事業に係る**労働者及びその遺族**について、**社会復帰促進等事業**として、次の事業を行うことができる。

　⑴　療養に関する施設及びリハビリテーションに関する施設の設置及び運営その他業務災害、複数業務要因災害及び通勤災害を被った労働者（以下「被災労働者」という。）の円滑な社会復帰を促進するために必要な事業

　⑵　被災労働者の**療養生活**の援護、被災労働者の受ける**介護**の援護、その遺族の就学の援護、被災労働者及びその遺族が必要とする**資金の貸付け**による援護その他被災労働者及びその遺族の援護を図るために必要な事業

　⑶　**業務災害の防止**に関する活動に対する援助、**健康診断**に関する施設の設置及び運営その他労働者の安全及び衛生の確保、保険給付の適切な実施の確保並びに賃金の支払の確保を図るために必要な事業

2　政府は上記1の社会復帰促進等事業のうち、一部（**未払賃金の立替払事業**など）を独立行政法人労働者健康安全機構に行わせるものとする。

105

第1章　労働者災害補償保険法

問題33　定率・定額の特別支給金　難易度 B

Check欄 A ☐☐☐ B ☐☐☐ C ☐☐☐ D ☐☐☐ E ☐☐☐

1　休業特別支給金は、休業（補償）等給付の受給権者に対して、　A　支給され、その額は原則として1日につき休業給付基礎日額の100分の　B　に相当する額で、当該休業（補償）等給付に係る負傷又は疾病の療養のため労働することができないために賃金を受けない日の第4日目から支給する。

2　障害特別支給金は、　C　の受給権者に対し、　A　一時金として支給するものとし、その額は、障害の程度に応じ、342万円（第1級）から8万円（第14級）とする。

3　遺族特別支給金は、労働者の死亡による　D　の受給権者に対して支給するものとし、その額は　E　万円（遺族が2人以上ある場合には、　E　万円をその人数で除して得た額）である。

4　傷病特別支給金は、傷病（補償）等年金の受給権者に対して、　A　一時金として支給するものとし、その額は傷病の程度に応じ、114万円（第1級）、107万円（第2級）、100万円（第3級）とする。

選択肢

① 10	② 20	③ 50	④ 60
⑤ 120	⑥ 150	⑦ 300	⑧ 1,000
⑨ 遺族（補償）等一時金		⑩ 遺族（補償）等給付	
⑪ 遺族（補償）等年金		⑫ 遺族補償年金	
⑬ 厚生労働大臣の認可によって		⑭ 障害（補償）等一時金	
⑮ 障害（補償）等給付		⑯ 障害（補償）等年金	
⑰ 障害補償年金		⑱ 政府の職権によって	
⑲ その申請に基づいて		⑳ 法律上当然に	

第1章　労働者災害補償保険法

解　答

A　⑲　その申請に基づいて　　（特別支給金支給規則3条、4条、5条の2）
B　②　20　　　　　　　　　　（特別支給金支給規則3条）
C　⑮　障害（補償）等給付　　（特別支給金支給規則4条）
D　⑩　遺族（補償）等給付　　（特別支給金支給規則5条）
E　⑦　300　　　　　　　　　　（特別支給金支給規則5条）

完成文

1　休業特別支給金は、休業（補償）等給付の受給権者に対して、その申請に基づいて支給され、その額は原則として1日につき休業給付基礎日額の100分の20に相当する額で、当該休業（補償）等給付に係る負傷又は疾病の療養のため労働することができないために賃金を受けない日の第4日目から支給する。

2　障害特別支給金は、障害（補償）等給付の受給権者に対し、その申請に基づいて一時金として支給するものとし、その額は、障害の程度に応じ、342万円（第1級）から8万円（第14級）とする。

3　遺族特別支給金は、労働者の死亡による遺族（補償）等給付の受給権者に対して支給するものとし、その額は300万円（遺族が2人以上ある場合には、300万円をその人数で除して得た額）である。

4　傷病特別支給金は、傷病（補償）等年金の受給権者に対して、その申請に基づいて一時金として支給するものとし、その額は傷病の程度に応じ、114万円（第1級）、107万円（第2級）、100万円（第3級）とする。

107

第1章　労働者災害補償保険法

問題34　算定基礎年額　　　難易度 A

Check欄　A ☐☐☐　B ☐☐☐　C ☐☐☐　D ☐☐☐　E ☐☐☐

1　特別給与を基礎とする特別支給金の額の算定に用いる算定基礎年額は、負傷又は発病の日以前1年間（雇入後1年に満たない者については、雇入後の期間）に当該労働者に対して支払われた特別給与（　　A　　をいう。）の総額とする。ただし、当該特別給与の総額を算定基礎年額とすることが適当でないと認められるときは、　　B　　が定める基準に従って算定する額を算定基礎年額とする。

2　上記1の規定にかかわらず、複数事業労働者に係る特別支給金の額の算定に用いる算定基礎年額は、上記1に定めるところにより当該複数事業労働者を使用する事業ごとに算定した算定基礎年額に相当する額を合算した額とする。ただし、特別給与の総額を算定基礎年額とすることが適当でないと認められるときは、　　B　　が定める基準に従って算定する額を算定基礎年額とする。

3　特別給与の総額又は上記1ただし書若しくは上記2に定めるところによって算定された額が、当該労働者に係る給付基礎日額に365を乗じて得た額の100分の　　C　　に相当する額を超える場合には、当該100分の　　C　　に相当する額を算定基礎年額とする。

4　上記の規定によって算定された額が　　D　　万円を超える場合には、　　D　　万円を算定基礎年額とする。

5　特別支給金支給規則第12条によると、　　E　　の支給を受けようとする者は、当該　　E　　の支給の申請の際に、所轄労働基準監督署長に、特別給与の総額を記載した届書を提出しなければならない。

第1章　労働者災害補償保険法

選択肢

①　5　　　　②　10　　　　③　20　　　　④　30
⑤　80　　　⑥　150　　　⑦　200　　　⑧　300
⑨　3か月を超える期間ごとに支払われる賃金
⑩　3か月を超える期間ごとに支払われる賃金及び臨時に支払われる賃
　　金
⑪　遺族特別支給金　　　⑫　休業特別支給金
⑬　現物により支払われる賃金　　　⑭　厚生労働省労働基準局長
⑮　厚生労働大臣　　　　⑯　障害特別支給金
⑰　傷病特別支給金　　　⑱　所轄都道府県労働局長
⑲　都道府県知事　　　　⑳　臨時に支払われる賃金

第1章　労働者災害補償保険法

解　答

A　⑨　　3か月を超える期間ごとに支払われる賃金

（特別支給金支給規則6条）

B　⑭　厚生労働省労働基準局長　（特別支給金支給規則6条）

C　③　20　　　　　　　　　　　　（特別支給金支給規則6条）

D　⑥　150　　　　　　　　　　　（特別支給金支給規則6条）

E　⑫　休業特別支給金　　　　　　（特別支給金支給規則12条）

第1章 労働者災害補償保険法

完成文

1 特別給与を基礎とする特別支給金の額の算定に用いる算定基礎年額は、負傷又は発病の日以前1年間(雇入後1年に満たない者については、雇入後の期間)に当該労働者に対して支払われた特別給与(3か月を超える期間ごとに支払われる賃金をいう。)の総額とする。ただし、当該特別給与の総額を算定基礎年額とすることが適当でないと認められるときは、厚生労働省労働基準局長が定める基準に従って算定する額を算定基礎年額とする。

2 上記1の規定にかかわらず、複数事業労働者に係る特別支給金の額の算定に用いる算定基礎年額は、上記1に定めるところにより当該複数事業労働者を使用する事業ごとに算定した算定基礎年額に相当する額を合算した額とする。ただし、特別給与の総額を算定基礎年額とすることが適当でないと認められるときは、厚生労働省労働基準局長が定める基準に従って算定する額を算定基礎年額とする。

3 特別給与の総額又は上記1ただし書若しくは上記2に定めるところによって算定された額が、当該労働者に係る給付基礎日額に365を乗じて得た額の100分の20に相当する額を超える場合には、当該100分の20に相当する額を算定基礎年額とする。

4 上記の規定によって算定された額が150万円を超える場合には、150万円を算定基礎年額とする。

5 特別支給金支給規則第12条によると、休業特別支給金の支給を受けようとする者は、当該休業特別支給金の支給の申請の際に、所轄労働基準監督署長に、特別給与の総額を記載した届書を提出しなければならない。

第1章　労働者災害補償保険法

問題35　中小事業主等の特別加入

難易度 **B**

Check欄　A ☐☐☐　B ☐☐☐　C ☐☐☐　D ☐☐☐　E ☐☐☐

1　労災保険に特別加入することのできる中小事業主の範囲は、常時
　　☐ A ☐人（金融業若しくは保険業、不動産業又は小売業を主たる事業
とする事業主では ☐ B ☐人、卸売業又は ☐ C ☐を主たる事業とす
る事業主では ☐ D ☐人）以下の労働者を使用する事業主とする。

2　上記1の事業主が、当該事業について労働保険徴収法の規定により成立
する労災保険に係る労働保険の保険関係に基づきこの保険による業務災
害、複数業務要因災害及び通勤災害に関する保険給付を受けることができ
る者とすることにつき申請し、政府の承認があったときは、特別加入する
ことができる。

3　中小事業主等の特別加入の加入条件は、次のとおりである。

(1)　その事業について労災保険に係る労働保険の保険関係が成立している
　　こと

(2)　その事業に係る労働保険事務を ☐ E ☐ に委託していること

(3)　家族従事者等があれば、それらの者全員を包括して加入すること

選択肢

① 10	② 30	③ 50	④ 100	⑤ 150
⑥ 200	⑦ 250	⑧ 300	⑨ 350	⑩ 400
⑪ 500	⑫ 1,000	⑬ 医療・福祉業		⑭ 運輸業
⑮ サービス業		⑯ 事業主協同組合		
⑰ 社会保険労務士		⑱ 情報通信業		⑲ 第三者
⑳ 労働保険事務組合				

112

第1章　労働者災害補償保険法

解　答

A	⑧	300	（則46条の16）
B	③	50	（則46条の16）
C	⑮	サービス業	（則46条の16）
D	④	100	（則46条の16）
E	⑳	労働保険事務組合	（法33条）

完成文

1　労災保険に特別加入することのできる中小事業主の範囲は、常時300人（金融業若しくは保険業、不動産業又は小売業を主たる事業とする事業主では50人、卸売業又はサービス業を主たる事業とする事業主では100人）以下の労働者を使用する事業主とする。

2　上記1の事業主が、当該事業について労働保険徴収法の規定により成立する労災保険に係る労働保険の保険関係に基づきこの保険による業務災害、複数業務要因災害及び通勤災害に関する保険給付を受けることができる者とすることにつき申請し、政府の承認があったときは、特別加入することができる。

3　中小事業主等の特別加入の加入条件は、次のとおりである。

(1)　その事業について労災保険に係る労働保険の保険関係が成立していること

(2)　その事業に係る労働保険事務を労働保険事務組合に委託していること

(3)　家族従事者等があれば、それらの者全員を包括して加入すること

113

第1章　労働者災害補償保険法

問題36　一人親方の特別加入　　難易度 B

Check欄　A ☐☐☐　B ☐☐☐　C ☐☐☐　D ☐☐☐　E ☐☐☐

1　労災保険法第33条第3号によれば、厚生労働省令で定める種類の事業を労働者を使用しないで行うことを常態とする者は、特別加入が認められる。当該厚生労働省令で定める種類の事業は、次のとおりとする。

ア　自動車を使用して行う旅客若しくは貨物の運送の事業又は原動機付自転車若しくは自転車を使用して行う貨物の運送の事業

イ　土木、建築その他の工作物の建設、改造、保存、原状回復、修理、変更、破壊若しくは解体又はその準備の事業

ウ　漁船による水産動植物の採捕の事業（下記キに掲げる事業を除く。）

エ　 A の事業

オ　医薬品の配置販売の事業

カ　再生利用の目的となる廃棄物等の収集、運搬、選別、解体等の事業

キ　船員法に規定する船員が行う事業

ク　 B 法に規定する B が行う事業

ケ　高年齢者雇用安定法に規定する C に基づき、委託契約その他の契約に基づいて高年齢者が新たに開始する事業又は社会貢献事業に係る委託契約その他の契約に基づいて高年齢者が行う事業であって、 D が定めるもの

コ　あん摩マツサージ指圧師、はり師、きゆう師等に関する法律に基づくあん摩マツサージ指圧師、はり師又はきゆう師が行う事業

サ　歯科技工士法に規定する歯科技工士が行う事業

2　上記1のうち、 E に掲げる事業を労働者を使用しないで行うことを常態とする者にあっては、通勤災害に関する保険給付は行われない。

第1章　労働者災害補償保険法

┌─ **選択肢** ─────────────────────────────┐

① 　ア又はウ　　　　② 　ア又はケ　　　　③ 　医師

④ 　ウ又はエ　　　　⑤ 　ク又はケ　　　　⑥ 　再就職援助措置

⑦ 　鉱業　　　　　　⑧ 　厚生労働省労働基準局長

⑨ 　厚生労働大臣　　⑩ 　継続雇用制度　　⑪ 　歯科医師

⑫ 　柔道整復師　　　⑬ 　創業支援等措置

⑭ 　退職準備援助措置　⑮ 　立木の伐採　　⑯ 　都道府県知事

⑰ 　都道府県労働局長　⑱ 　農業　　　　　⑲ 　薬剤師

⑳ 　林業

└────────────────────────────────────┘

第1章 労働者災害補償保険法

解 答

A	⑳	林業	（則46条の17）
B	⑫	柔道整復師	（則46条の17）
C	⑬	創業支援等措置	（則46条の17）
D	⑧	厚生労働省労働基準局長	（則46条の17）
E	①	ア又はウ	（則46条の22の2）

完成文

1 労災保険法第33条第3号によれば、厚生労働省令で定める種類の事業を労働者を使用しないで行うことを常態とする者は、特別加入が認められる。当該厚生労働省令で定める種類の事業は、次のとおりとする。

ア 自動車を使用して行う旅客若しくは貨物の運送の事業又は原動機付自転車若しくは自転車を使用して行う貨物の運送の事業

イ 土木、建築その他の工作物の建設、改造、保存、原状回復、修理、変更、破壊若しくは解体又はその準備の事業

ウ 漁船による水産動植物の採捕の事業（下記キに掲げる事業を除く。）

エ 林業の事業

オ 医薬品の配置販売の事業

カ 再生利用の目的となる廃棄物等の収集、運搬、選別、解体等の事業

キ 船員法に規定する船員が行う事業

ク 柔道整復師法に規定する柔道整復師が行う事業

ケ 高年齢者雇用安定法に規定する創業支援等措置に基づき、委託契約その他の契約に基づいて高年齢者が新たに開始する事業又は社会貢献事業に係る委託契約その他の契約に基づいて高年齢者が行う事業であって、厚生労働省労働基準局長が定めるもの

コ あん摩マッサージ指圧師、はり師、きゅう師等に関する法律に基づくあん摩マッサージ指圧師、はり師又はきゅう師が行う事業

サ 歯科技工士法に規定する歯科技工士が行う事業

2 上記1のうち、ア又はウに掲げる事業を労働者を使用しないで行うことを常態とする者にあっては、通勤災害に関する保険給付は行われない。

第1章　労働者災害補償保険法

問題37　特別加入の効果

難易度 **B**

Check欄 A ☐☐☐☐　B ☐☐☐☐　C ☐☐☐☐　D ☐☐☐☐　E ☐☐☐☐

1　特別加入者に係る業務災害、複数業務要因災害及び通勤災害の認定は、　　A　　が定める基準によって行う。

2　特別加入者に、　　B　　は行われない。

3　特別加入者の給付基礎日額は3,500円、4,000円、5,000円、6,000円、7,000円、8,000円、9,000円、10,000円、12,000円、14,000円、16,000円、18,000円、20,000円、22,000円、24,000円及び　　C　　円のうちから定める。

4　　　D　　が滞納されている期間中に当該特別加入者について生じた事故に係る保険給付については、政府は、　　E　　。

選択肢

① 25,000　　② 26,000　　③ 28,000　　④ 30,000
⑤ 一般保険料　　　　　　　　⑥ 休業補償給付又は休業給付
⑦ 厚生労働省労働基準局長　　⑧ 厚生労働大臣
⑨ 傷病補償年金又は傷病年金　⑩ 所轄都道府県労働局長
⑪ 所轄労働基準監督署長　　　⑫ その一部を行わない
⑬ その一部を行わないことができる
⑭ その全部又は一部を行わない
⑮ その全部又は一部を行わないことができる
⑯ 特別加入保険料　　　⑰ 特別保険料　　　⑱ 特例納付保険料
⑲ 二次健康診断等給付　　　　⑳ 療養補償給付又は療養給付

118

第1章　労働者災害補償保険法

解答

A	⑦	厚生労働省労働基準局長	（則46条の26）
B	⑲	二次健康診断等給付	（法34条）
C	①	25,000	（則46条の20）
D	⑯	特別加入保険料	（法34条、35条、36条）
E	⑮	その全部又は一部を行わないことができる	（法34条、35条、36条）

完成文

1　特別加入者に係る業務災害、複数業務要因災害及び通勤災害の認定は、厚生労働省労働基準局長が定める基準によって行う。

2　特別加入者に、二次健康診断等給付は行われない。

3　特別加入者の給付基礎日額は3,500円、4,000円、5,000円、6,000円、7,000円、8,000円、9,000円、10,000円、12,000円、14,000円、16,000円、18,000円、20,000円、22,000円、24,000円及び25,000円のうちから定める。

4　特別加入保険料が滞納されている期間中に当該特別加入者について生じた事故に係る保険給付については、政府は、その全部又は一部を行わないことができる。

第1章　労働者災害補償保険法

問題38　受給者の届出

難易度 A

Check欄　A ☐☐☐　B ☐☐☐　C ☐☐☐　D ☐☐☐　E ☐☐☐

1　毎年　 A 　から同月末日までの間に業務上の事由、二以上の事業の業務を要因とする事由又は通勤による負傷又は疾病に係る療養のため労働することができないために賃金を受けなかった日がある労働者が、その日について　 B 　（補償）等給付の支給を請求しようとする場合に、同月1日において当該負傷又は疾病に係る療養の開始後　 C 　を経過しているときは、当該労働者は、当該賃金を受けなかった日に係る　 B 　（補償）等給付の請求書に添えて一定の事項を記載した報告書を所轄労働基準監督署長に提出しなければならない。

2　年金たる保険給付の受給権者は、　 D 　、厚生労働大臣が指定する日（指定日）までに、一定の事項を記載した報告書を、所轄労働基準監督署長に提出しなければならない。ただし、所轄労働基準監督署長があらかじめその必要がないと認めて通知したとき又は厚生労働大臣が住民基本台帳法の規定により当該報告書と同一の内容を含む機構保存本人確認情報の提供を受けることができるとき若しくは番号利用法の規定により当該報告書と同一の内容を含む　 E 　の提供を受けることができるときは、この限りでない。

選択肢
① 1月1日　　② 1年　　③ 1年6か月
④ 3年　　⑤ 4月1日　　⑥ 5月31日
⑦ 6か月　　⑧ 6か月ごと　　⑨ 6月1日
⑩ 介護　　⑪ 機構保存本人確認情報
⑫ 休業　　⑬ 個人情報　　⑭ 四半期ごと
⑮ 障害　　⑯ 傷病　　⑰ 特定個人情報
⑱ 年金証書　　⑲ 毎月　　⑳ 毎年

第1章　労働者災害補償保険法

解　答

A　① 　1月1日　　　（則19条の2）
B　⑫ 　休業　　　　　（則19条の2）
C　③ 　1年6か月　　　（則19条の2）
D　⑳ 　毎年　　　　　（則21条）
E　⑰ 　特定個人情報　（則21条）

完成文

1　**毎年1月1日から同月末日**までの間に業務上の事由、二以上の事業の業務を要因とする事由又は通勤による負傷又は疾病に係る療養のため労働することができないために賃金を受けなかった日がある労働者が、その日について休業（補償）等給付の支給を請求しようとする場合に、同月1日において当該負傷又は疾病に係る療養の開始後1年6か月を経過しているときは、当該労働者は、当該賃金を受けなかった日に係る休業（補償）等給付の請求書に添えて一定の事項を記載した報告書を所轄労働基準監督署長に提出しなければならない。

2　**年金たる保険給付の受給権者**は、毎年、厚生労働大臣が指定する日（指定日）までに、一定の事項を記載した報告書を、所轄労働基準監督署長に提出しなければならない。ただし、所轄労働基準監督署長があらかじめその必要がないと認めて通知したとき又は厚生労働大臣が**住民基本台帳法**の規定により当該報告書と同一の内容を含む**機構保存本人確認情報**の提供を受けることができるとき若しくは番号利用法の規定により当該報告書と同一の内容を含む特定個人情報の提供を受けることができるときは、この限りでない。

121

第1章　労働者災害補償保険法

問題39　不服申立て　　難易度 B

Check欄　A ☐☐☐　B ☐☐☐　C ☐☐☐　D ☐☐☐　E ☐☐☐

1　　　A　　に関する決定に不服のある者は、労働者災害補償保険審査官に対して審査請求をし、その決定に不服のある者は、　　B　　に対して　　C　　をすることができる。

2　上記1の審査請求をしている者は、審査請求をした日から　　D　　を経過しても審査請求についての決定がないときは、労働者災害補償保険審査官が審査請求を棄却したものとみなすことができる。

3　上記1の審査請求及び　　C　　は、時効の完成猶予及び更新に関しては、これを　　E　　とみなす。

4　　　A　　に関する処分の取消しの訴えは、当該処分についての審査請求に対する労働者災害補償保険審査官の決定を経た後でなければ、提起することができない。

選択肢

①　1年　　　　　②　3か月　　　　③　6か月　　　　④　30日
⑤　異議申立て　　⑥　行政訴訟　　　　⑦　厚生労働大臣
⑧　再審査請求　　⑨　裁判上の請求　　⑩　審査請求
⑪　政府の指示　　⑫　都道府県労働局長
⑬　二次健康診断等給付以外の保険給付
⑭　年金たる保険給付　　⑮　不服申立ての前置
⑯　保険給付　　　　　　⑰　保険給付又は特別支給金
⑱　保険者の決定　　　　⑲　労働者災害補償保険審査会
⑳　労働保険審査会

122

第1章　労働者災害補償保険法

解　答

A　⑯　保険給付　　　　（法38条）
B　⑳　労働保険審査会　（法38条）
C　⑧　再審査請求　　　（法38条）
D　②　３か月　　　　　（法38条）
E　⑨　裁判上の請求　　（法38条）

完成文

1　保険給付に関する決定に不服のある者は、**労働者災害補償保険審査官**に対して**審査請求**をし、その決定に不服のある者は、労働保険審査会に対して再審査請求をすることができる。

2　上記1の審査請求をしている者は、審査請求をした日から３か月を経過しても審査請求についての決定がないときは、労働者災害補償保険審査官が審査請求を**棄却**したものとみなすことができる。

3　上記1の審査請求及び再審査請求は、**時効の完成猶予及び更新**に関しては、これを裁判上の請求とみなす。

4　保険給付に関する処分の取消しの訴えは、当該処分についての**審査請求**に対する**労働者災害補償保険審査官**の決定を経た後でなければ、提起することができない。

123

第1章　労働者災害補償保険法

問題40　時効その他(1)

難易度 **B**

Check欄　A ☐☐☐　B ☐☐☐　C ☐☐☐　D ☐☐☐　E ☐☐☐

1　療養(補償)等給付、休業(補償)等給付、葬祭料等(葬祭給付)、介護(補償)等給付及び二次健康診断等給付を受ける権利は、これらを行使することができる時から　 A 　を経過したとき、障害(補償)等給付及び遺族(補償)等給付を受ける権利は、これらを行使することができる時から　 B 　を経過したときは、時効によって消滅する。

2　労働者災害補償保険法の規定による消滅時効の起算日は、療養の費用の支給については　 C 　、介護(補償)等給付については　 D 　、葬祭料等(葬祭給付)については　 E 　である。

選択肢

① 1 年　　　　② 2 年　　　　③ 3 年　　　　④ 4 年
⑤ 5 年　　　　⑥ 6 年　　　　⑦ 8 年　　　　⑧ 10 年
⑨ 支給事由が生じた月の初日
⑩ 支給事由が生じた月の翌月の初日　　　⑪ 支給事由が生じた日
⑫ 障害(補償)等年金又は傷病(補償)等年金の支給が行われた日の翌日
⑬ 葬祭を行った日　　　⑭ 葬祭を行った日の翌日
⑮ 療養に要する費用を支払った月の翌月の初日
⑯ 療養に要する費用を支払った日
⑰ 療養に要する費用を支払った日の翌日
⑱ 療養を受けた日の翌日　　　⑲ 労働者が死亡した日
⑳ 労働者が死亡した日の翌日

第 1 章　労働者災害補償保険法

解　答

A　②　２年　　　　　　　　　　　　　　　（法42条）
B　⑤　５年　　　　　　　　　　　　　　　（法42条）
C　⑰　療養に要する費用を支払った日の翌日
　　　　　　　　　　　　　　　　　　　（H23. 8 .17基発0817第 1 号）
D　⑩　支給事由が生じた月の翌月の初日　（H23. 8 .17基発0817第 1 号）
E　⑳　労働者が死亡した日の翌日　　　　（H23. 8 .17基発0817第 1 号）

完成文

1　療養（補償）等給付、休業（補償）等給付、葬祭料等（葬祭給付）、介護（補償）等給付及び二次健康診断等給付を受ける権利は、これらを行使することができる時から２年を経過したとき、障害（補償）等給付及び遺族（補償）等給付を受ける権利は、これらを行使することができる時から５年を経過したときは、時効によって消滅する。

2　労働者災害補償保険法の規定による消滅時効の起算日は、療養の費用の支給については療養に要する費用を支払った日の翌日、介護（補償）等給付については支給事由が生じた月の翌月の初日、葬祭料等（葬祭給付）については労働者が死亡した日の翌日である。

125

第1章　労働者災害補償保険法

問題41　時効その他(2)、行政庁の権能　　難易度 A

Check欄 A□□□　B□□□　C□□□　D□□□　E□□□

1　　　A　　の支給の申請は、　　A　　の支給の対象となる日の翌日から起算して２年以内に行わなければならない。

2　障害特別支給金の支給の申請は、障害に係る負傷又は疾病が治った日の翌日から起算して　　B　　以内に行わなければならない。

3　行政庁は、保険給付に関して必要があると認めるときは、保険給付を受け、又は受けようとする者(　　C　　の額の算定の基礎となる者を含む。)に対し、その指定する医師の診断を受けるべきことを命ずることができる。

4　厚生労働大臣は、この法律の施行に関し、　　D　　に対し、資料の提供その他必要な　　E　　を求めることができる。

5　上記4の規定による　　E　　を求められた　　D　　は、できるだけその求めに応じなければならない。

選択肢

① 　1年　　　　　② 　2年　　　　　③ 　3年　　　　　④ 　5年
⑤ 　意見　　　　　⑥ 　遺族(補償)等年金　　　　　⑦ 　遺族特別支給金
⑧ 　遺族特別年金　　　　　⑨ 　関係行政機関又は公私の団体
⑩ 　休業特別支給金　　　　　⑪ 　協力　　　　　⑫ 　市町村長
⑬ 　障害(補償)等年金　　　　　⑭ 　障害特別年金
⑮ 　傷病(補償)等年金　　　　　⑯ 　助言
⑰ 　全国健康保険協会　　　　　⑱ 　要請
⑲ 　療養の給付　　　　　⑳ 　労働政策審議会

126

第1章　労働者災害補償保険法

解答

A	⑩	休業特別支給金	（支給金則3条）
B	④	5年	（支給金則4条）
C	⑥	遺族（補償）等年金	（法47条の2）
D	⑨	関係行政機関又は公私の団体	（法49条の3）
E	⑪	協力	（法49条の3）

完成文

1　休業特別支給金の支給の申請は、休業特別支給金の支給の対象となる日の翌日から起算して2年以内に行わなければならない。

2　障害特別支給金の支給の申請は、障害に係る負傷又は疾病が治った日の翌日から起算して5年以内に行わなければならない。

3　行政庁は、保険給付に関して必要があると認めるときは、保険給付を受け、又は受けようとする者（遺族（補償）等年金の額の算定の基礎となる者を含む。）に対し、その指定する医師の診断を受けるべきことを命ずることができる。

4　厚生労働大臣は、この法律の施行に関し、関係行政機関又は公私の団体に対し、資料の提供その他必要な協力を求めることができる。

5　上記4の規定による協力を求められた関係行政機関又は公私の団体は、できるだけその求めに応じなければならない。

127

第2章

労働者災害補償保険法（過去本試験問題）

第2章　労働者災害補償保険法（過去本試験問題）

> ## 問題1　平成26年
>
> 難易度 B

Check欄　A ☐☐☐　B ☐☐☐　C ☐☐☐　D ☐☐☐　E ☐☐☐

1　政府は、障害補償年金を受ける権利を有する者が死亡した場合におい
　て、その者に支給された当該障害補償年金の額及び当該障害補償年金に係
　る　　A　　の額の合計額が、当該障害補償年金に係る障害等級に応じ、
　労災保険法により定められている額に満たないときは、その者の遺族に対
　し、その請求に基づき、保険給付として、その差額に相当する額の障害補
　償年金差額一時金を支給する。その定められている額とは、障害等級が第
　1級の場合、給付基礎日額の　　B　　である。

2　障害補償年金差額一時金を受けるべき遺族の順位は、労働者の死亡の当
　時その者と生計を同じくしていた配偶者、子、父母、孫、　　C　　の順
　序であり、それらの者がいない場合には、生計を同じくしていなかった配
　偶者、子、父母、孫、　　C　　の順序である。

3　政府は、当分の間、労働者が業務上の事由により死亡した場合における
　当該死亡に関しては、遺族補償年金を受ける権利を有する遺族に対し、そ
　の請求に基づき、保険給付として、遺族補償年金前払一時金を支給する
　が、遺族補償年金前払一時金の額は、給付基礎日額の　　D　　に相当す
　る額とされている。

4　労災保険の加入手続について行政機関から指導等を受けたにもかかわら
　ず、手続を行わない期間中に業務災害が発生し、例えば遺族補償一時金が
　支払われた場合、事業主が「故意」に手続を行わないものと認定され、支給
　された当該遺族補償一時金の額の100％が費用徴収される。

　　上記災害の発生が、労災保険の加入手続について行政機関から指導等を
　受けてはいないものの、労災保険の適用事業となったときから1年を経過
　して、なお手続を行わない期間中である場合は、事業主が「重大な過失」に
　より手続を行わないものと認定され、支給された当該遺族補償一時金の額

第2章　労働者災害補償保険法(過去本試験問題)

の　　E　　が費用徴収される。

選択肢

① 20%　　　② 40%　　　③ 60%　　　④ 80%

⑤ 1年分、2年分、3年分

⑥ 200日分、400日分、600日分、800日分、1,000日分

⑦ 313日分　　　⑧ 500日分、1,000日分　　　⑨ 560日分

⑩ 1,050日分　　⑪ 1,200日分　　⑫ 1,340日分

⑬ 兄弟姉妹　　⑭ 兄弟姉妹及びその配偶者

⑮ 障害一時金　　⑯ 障害給付　　　⑰ 障害年金

⑱ 障害補償年金前払一時金　　　⑲ 祖父母

⑳ 祖父母及び兄弟姉妹

第2章　労働者災害補償保険法（過去本試験問題）

解　答

A　⑱　障害補償年金前払一時金　（法附則58条）

B　⑫　1,340日分　（法附則58条）

C　⑳　祖父母及び兄弟姉妹　（法附則58条）

D　⑥　200日分、400日分、600日分、800日分、1,000日分
　　　　　　　　　　　　　　　　　　　　　（則附則31項）

E　②　40%　（H17．9．22基発0922001）

合格基準点　3点以上

第2章　労働者災害補償保険法(過去本試験問題)

133

第2章　労働者災害補償保険法(過去本試験問題)

問題2　平成27年(改題)

難易度 **A**

Check欄 A □□□　B □□□　C □□□　D □□□　E □□□

1　労災保険法第33条第5号によれば、厚生労働省令で定められた種類の作業に従事する者(労働者である者を除く。)は、特別加入が認められる。労災保険法施行規則第46条の18は、その作業として、農業における一定の作業、国又は地方公共団体が実施する訓練として行われる一定の作業、労働組合等の常勤の役員が行う一定の作業、　A　関係業務に係る一定の作業、家事支援業務に係る一定の作業と並び、家内労働法第2条第2項の家内労働者又は同条第4項の　B　が行う一定の作業(同作業に従事する家内労働者又はその　B　を以下「家内労働者等」という。)などを挙げている。

　労災保険法及び労災保険法施行規則によれば　C　が、家内労働者等の業務災害に関して労災保険の適用を受けることにつき申請をし、政府の承認があった場合、家内労働者等が当該作業により負傷し、疾病に罹患し、障害を負い、又は死亡したとき等は労働基準法第75条から第77条まで、第79条及び第80条に規定する災害補償の事由が生じたものとみなされる。

2　最高裁判所は、労災保険法第12条の4について、同条は、保険給付の原因である事故が第三者の行為によって生じた場合において、受給権者に対し、政府が先に保険給付をしたときは、受給権者の第三者に対する損害賠償請求権はその給付の価額の限度で当然国に移転し、第三者が先に損害賠償をしたときは、政府はその価額の限度で保険給付をしないことができると定め、受給権者に対する第三者の損害賠償義務と政府の保険給付義務とが　D　の関係にあり、同一の事由による損害の　E　を認めるものではない趣旨を明らかにしているものである旨を判示している。

― 第２章　労働者災害補償保険法（過去本試験問題）

選択肢

① 委託者	② 委託者の団体	③ 移転
④ 医療	⑤ 請負的仲介人	⑥ 介護
⑦ 家内労働者等の団体	⑧ 減額	⑨ 在宅労働者
⑩ 使用人	⑪ 相互補完	⑫ 仲介人
⑬ 重複	⑭ 独立	⑮ 二重填補
⑯ 福祉	⑰ 並立	⑱ 保健
⑲ 補助者	⑳ 立証	

135

第2章　労働者災害補償保険法（過去本試験問題）

解　答

A	⑥	介護	（則46条の18）
B	⑲	補助者	（則46条の18）
C	⑦	家内労働者等の団体	（法35条）
D	⑪	相互補完	（最判Ｈ１．４.11）
E	⑮	二重填補	（最判Ｈ１．４.11）

合格基準点　**3点以上**

第2章　労働者災害補償保険法（過去本試験問題）

第2章　労働者災害補償保険法(過去本試験問題)

問題3　平成28年(改題)　難易度 C

Check欄　A ☐☐☐　B ☐☐☐　C ☐☐☐　D ☐☐☐　E ☐☐☐

1　労災保険法第13条第3項によれば、政府は、療養の補償給付として療養の給付をすることが困難な場合、療養の給付に代えて　A　を支給することができる。労災保険法第12条の2の2第2項によれば、「労働者が故意の犯罪行為若しくは重大な過失により、又は正当な理由がなくて　B　に従わないことにより」、負傷の回復を妨げたときは、政府は、保険給付の全部又は一部を行わないことができる。

2　厚生労働省労働基準局長通知(「血管病変等を著しく増悪させる業務による脳血管疾患及び虚血性心疾患等の認定基準について」令和3年9月14日付け基発0914第1号)において、発症前の長期間にわたって、著しい疲労の蓄積をもたらす特に過重な業務に就労したことによる明らかな過重負荷を受けたことにより発症した脳血管疾患及び虚血性心疾患等(負傷に起因するものを除く。)は、業務上の疾病として取り扱うこととされている。業務の過重性の評価にあたっては、発症前の一定期間の就労実態等を考察し、発症時における疲労の蓄積がどの程度であったかという観点から判断される。

「発症前の長期間とは、発症前おおむね　C　をいう」とされている。労働時間に着目すると、「発症前　D　におおむね100時間又は発症前　E　にわたって、1か月あたりおおむね80時間を超える時間外労働が認められる場合は、業務と発症との関連性が強いと評価できること」を踏まえて判断される。ここでいう時間外労働時間数は、1週間当たり40時間を超えて労働した時間数である。

第2章　労働者災害補償保険法（過去本試験問題）

選択肢

①	業務命令	②	就業規則	③	治療材料
④	薬剤	⑤	リハビリ用品	⑥	療養に関する指示
⑦	療養の費用	⑧	労働協約		
⑨	3か月間	⑩	6か月間	⑪	12か月間
⑫	1〜3か月間	⑬	1週間	⑭	2週間
⑮	4週間	⑯	1か月間		
⑰	1か月間ないし6か月間	⑱	1か月間ないし12か月間		
⑲	2か月間ないし6か月間	⑳	2か月間ないし12か月間		

第2章　労働者災害補償保険法（過去本試験問題）

解　答

A	⑦	療養の費用	（法13条）
B	⑥	療養に関する指示	（法12条の2の2）
C	⑩	6か月間	（R3.9.14基発0914第1号）
D	⑯	1か月間	（R3.9.14基発0914第1号）
E	⑲	2か月間ないし6か月間	（R3.9.14基発0914第1号）

合格基準点　3点以上

第 2 章　労働者災害補償保険法（過去本試験問題）

第2章　労働者災害補償保険法（過去本試験問題）

問題4　平成29年（改題）

難易度 **C**

Check欄　A □□□　B □□□　C □□□　D □□□　E □□□

1　労災保険の保険給付に関する決定に不服のある者は、　A　　に対して審査請求をすることができる。審査請求は、正当な理由により所定の期間内に審査請求することができなかったことを疎明した場合を除き、原処分のあったことを知った日の翌日から起算して3か月を経過したときはすることができない。審査請求に対する決定に不服のある者は、　B　　に対して再審査請求をすることができる。審査請求をしている者は、審査請求をした日から　C　　を経過しても審査請求についての決定がないときは、　A　　が審査請求を棄却したものとみなすことができる。

2　労災保険法第42条によれば、「療養（補償）等給付、休業（補償）等給付、葬祭料等（葬祭給付）、介護（補償）等給付及び二次健康診断等給付を受ける権利は、これらを行使することができる時から　D　　を経過したとき、障害（補償）等給付及び遺族（補償）等給付を受ける権利は、これらを行使することができる時から　E　　を経過したときは、時効によって消滅する。」とされている。

選択肢

① 60日　　　　② 90日　　　　③ 1か月　　　④ 2か月
⑤ 3か月　　　⑥ 6か月　　　⑦ 1年　　　　⑧ 2年
⑨ 3年　　　　⑩ 5年　　　　⑪ 7年　　　　⑫ 10年
⑬ 厚生労働大臣　　　　　　　⑭ 中央労働委員会
⑮ 都道府県労働委員会　　　　⑯ 都道府県労働局長
⑰ 労働基準監督署長　　　　　⑱ 労働者災害補償保険審査会
⑲ 労働者災害補償保険審査官　⑳ 労働保険審査会

142

第２章　労働者災害補償保険法（過去本試験問題）

解 答

A	⑲	労働者災害補償保険審査官	（法38条）
B	⑳	労働保険審査会	（法38条）
C	⑤	3 か月	（法38条）
D	⑧	2 年	（法42条）
E	⑩	5 年	（法42条）

合格基準点 3 点以上

第2章　労働者災害補償保険法(過去本試験問題)

問題5　平成30年　　　　　　　　難易度 C

Check欄　A ☐☐☐　B ☐☐☐　C ☐☐☐　D ☐☐☐　E ☐☐☐

1　労災保険法においては、労働基準法適用労働者には当たらないが、業務の実態、災害の発生状況等からみて、労働基準法適用労働者に準じて保護するにふさわしい一定の者に対して特別加入の制度を設けている。まず、中小事業主等の特別加入については、主たる事業の種類に応じ、厚生労働省令で定める数以下の労働者を使用する事業の事業主で　A　に労働保険事務の処理を委託している者及びその事業に従事する者である。この事業の事業主としては、卸売業又は　B　を主たる事業とする事業主の場合は、常時100人以下の労働者を使用する者が該当する。この特別加入に際しては、中小事業主が申請をし、政府の承認を受ける必要がある。

　給付基礎日額は、当該事業に使用される労働者の賃金の額その他の事情を考慮して厚生労働大臣が定める額とされており、最高額は　C　である。

　また、労災保険法第33条第3号及び第4号により、厚生労働省令で定める種類の事業を労働者を使用しないで行うことを常態とする者とその者が行う事業に従事する者は特別加入の対象となる。この事業の例としては、　D　の事業が該当する。また、同条第5号により厚生労働省令で定める種類の作業に従事する者についても特別加入の対象となる。特別加入はこれらの者(一人親方等及び特定作業従事者)の団体が申請をし、政府の承認を受ける必要がある。

2　通勤災害に関する保険給付は、一人親方等及び特定作業従事者の特別加入者のうち、住居と就業の場所との間の往復の状況等を考慮して厚生労働省令で定める者には支給されない。　E　はその一例に該当する。

144

第2章　労働者災害補償保険法（過去本試験問題）

選択肢

A	① 社会保険事務所　　　　　② 商工会議所 ③ 特定社会保険労務士　　④ 労働保険事務組合
B	① 小売業　　② サービス業 ③ 不動産業　④ 保険業
C	① 20,000円　　② 22,000円 ③ 24,000円　　④ 25,000円
D	① 介護事業　　② 畜産業　　③ 養蚕業　　④ 林業
E	① 医薬品の配置販売の事業を行う個人事業者 ② 介護作業従事者　　③ 個人タクシー事業者 ④ 船員法第1条に規定する船員

第2章 労働者災害補償保険法（過去本試験問題）

解　答

A　④　**労働保険事務組合**　　（法33条）
B　②　**サービス業**　　　　　（則46条の16）
C　④　**25,000円**　　　　　（則46条の20）
D　④　**林業**　　　　　　　（則46条の17）
E　③　**個人タクシー事業者**　（則46条の17）

合格基準点　**3点以上**

第2章　労働者災害補償保険法（過去本試験問題）

147

第2章　労働者災害補償保険法（過去本試験問題）

問題6　令和元年（改題）　　　　　　　　　　　　　　難易度 C

Check欄　A ☐☐☐　B ☐☐☐　C ☐☐☐　D ☐☐☐　E ☐☐☐

1　労災保険法第1条によれば、労働者災害補償保険は、業務上の事由、事業主が同一人でない二以上の事業に使用される労働者（「複数事業労働者」という。）の二以上の事業の業務を要因とする事由又は通勤による労働者の負傷、疾病、障害、死亡等に対して迅速かつ公正な保護をするため、必要な保険給付を行うこと等を目的とする。同法の労働者とは、　A　法上の労働者であるとされている。そして同法の保険給付とは、業務災害に関する保険給付、複数業務要因災害に関する保険給付、通勤災害に関する保険給付及び　B　給付の4種類である。保険給付の中には一時金ではなく年金として支払われるものもあり、通勤災害に関する保険給付のうち年金として支払われるのは、障害年金、遺族年金及び　C　年金である。

2　労災保険の適用があるにもかかわらず、労働保険徴収法第4条の2第1項に規定する労災保険に係る保険関係成立届（以下本問において「保険関係成立届」という。）の提出が行われていない間に労災事故が生じた場合において、事業主が故意又は重大な過失により保険関係成立届を提出していなかった場合は、政府は保険給付に要した費用に相当する金額の全部又は一部を事業主から徴収することができる。事業主がこの提出について、所轄の行政機関から直接指導を受けていたにもかかわらず、その後　D　以内に保険関係成立届を提出していない場合は、故意が認定される。事業主がこの提出について、保険手続に関する行政機関による指導も、都道府県労働保険事務組合連合会又はその会員である労働保険事務組合による加入勧奨も受けていない場合において、保険関係が成立してから　E　を経過してなお保険関係成立届を提出していないときには、原則、重大な過失と認定される。

第2章　労働者災害補償保険法（過去本試験問題）

選択肢

A	① 労働関係調整		② 労働基準				
	③ 労働組合		④ 労働契約				
B	① 求職者		② 教育訓練				
	③ 失業等		④ 二次健康診断等				
C	① 厚生	② 国民		③ 傷病		④ 老齢	
D	① 3日	② 5日		③ 7日		④ 10日	
E	① 3か月	② 6か月		③ 9か月		④ 1年	

第2章　労働者災害補償保険法（過去本試験問題）

解　答

A　②　労働基準　　　　　（労働基準法9条）
B　④　二次健康診断等　　（法7条）
C　③　傷病　　　　　　　（法21条）
D　④　10日　　　　　　　（H17. 9. 22基発0922001）
E　④　1年　　　　　　　（H17. 9. 22基発0922001）

合格基準点　**3点以上**

第2章　労働者災害補償保険法（過去本試験問題）

第2章　労働者災害補償保険法（過去本試験問題）

問題7　令和2年　　　　　　　　　　　　　難易度 B

Check欄　A ☐☐☐　B ☐☐☐　C ☐☐☐　D ☐☐☐　E ☐☐☐

　通勤災害における通勤とは、労働者が、就業に関し、住居と就業の場所との間の往復等の移動を、　A　な経路及び方法により行うことをいい、業務の性質を有するものを除くものとされるが、住居と就業の場所との間の往復に先行し、又は後続する住居間の移動も、厚生労働省令で定める要件に該当するものに限り、通勤に当たるとされている。

　厚生労働省令で定める要件の中には、　B　に伴い、当該　B　の直前の住居と就業の場所との間を日々往復することが当該往復の距離等を考慮して困難となったため住居を移転した労働者であって、次のいずれかに掲げるやむを得ない事情により、当該　B　の直前の住居に居住している配偶者と別居することとなったものによる移動が挙げられている。

イ　配偶者が、　C　にある労働者又は配偶者の父母又は同居の親族を　D　すること。

ロ　配偶者が、学校等に在学し、保育所若しくは幼保連携型認定こども園に通い、又は公共職業能力開発施設の行う職業訓練を受けている同居の子（　E　歳に達する日以後の最初の3月31日までの間にある子に限る。）を養育すること。

ハ　配偶者が、引き続き就業すること。

ニ　配偶者が、労働者又は配偶者の所有に係る住宅を管理するため、引き続き当該住宅に居住すること。

ホ　その他配偶者が労働者と同居できないと認められるイからニまでに類する事情

―――第2章　労働者災害補償保険法（過去本試験問題）

選択肢

①	12	②	15	③	18	④	20
⑤	介護	⑥	経済的	⑦	効率的	⑧	合理的
⑨	孤立状態	⑩	支援	⑪	失業状態	⑫	就職
⑬	出張	⑭	常態的	⑮	転職	⑯	転任
⑰	貧困状態	⑱	扶養	⑲	保護		
⑳	要介護状態						

第2章　労働者災害補償保険法（過去本試験問題）

解答

A	⑧	合理的	（法7条）
B	⑯	転任	（則7条）
C	⑳	要介護状態	（則7条）
D	⑤	介護	（則7条）
E	③	18	（則7条）

合格基準点　**3点以上**

第2章　労働者災害補償保険法（過去本試験問題）

155

第2章　労働者災害補償保険法（過去本試験問題）

問題8　令和3年

難易度 B

Check欄　A □□□　B □□□　C □□□　D □□□　E □□□

1　労災保険法は、令和2年に改正され、複数事業労働者（事業主が同一人でない2以上の事業に使用される労働者。以下同じ。）の2以上の事業の業務を要因とする負傷、疾病、障害又は死亡（以下「複数業務要因災害」という。）についても保険給付を行う等の制度改正が同年9月1日から施行された。複数事業労働者については、労災保険法第7条第1項第2号により、これに類する者も含むとされており、その範囲については、労災保険法施行規則第5条において、　　A　　と規定されている。複数業務要因災害による疾病の範囲は、労災保険法施行規則第18条の3の6により、労働基準法施行規則別表第1の2第8号及び第9号に掲げる疾病その他2以上の事業の業務を要因とすることの明らかな疾病と規定されている。複数業務要因災害に係る事務の所轄は、労災保険法第7条第1項第2号に規定する複数事業労働者の2以上の事業のうち、　　B　　の主たる事務所を管轄する都道府県労働局又は労働基準監督署となる。

2　年金たる保険給付は、その支給を停止すべき事由が生じたときは、　　C　　の間は、支給されない。

3　遺族補償年金を受けることができる遺族は、労働者の配偶者、子、父母、孫、祖父母及び兄弟姉妹であって、労働者の死亡の当時その収入によって生計を維持していたものとする。ただし、妻（婚姻の届出をしていないが、事実上婚姻関係と同様の事情にあった者を含む。以下同じ。）以外の者にあっては、労働者の死亡の当時次の各号に掲げる要件に該当した場合に限るものとする。

一　夫（婚姻の届出をしていないが、事実上婚姻関係と同様の事情にあった者を含む。以下同じ。）、父母又は祖父母については、　　D　　歳以上であること。

第2章　労働者災害補償保険法(過去本試験問題)

二　子又は孫については、[　E　]歳に達する日以後の最初の3月31日
　　までの間にあること。

三　兄弟姉妹については、[　E　]歳に達する日以後の最初の3月31日
　　までの間にあること又は[　D　]歳以上であること。

四　前三号の要件に該当しない夫、子、父母、孫、祖父母又は兄弟姉妹に
　　ついては、厚生労働省令で定める障害の状態にあること。

選択肢

① 15　　② 16　　③ 18　　④ 20

⑤ 55　　⑥ 60　　⑦ 65　　⑧ 70

⑨ その事由が生じた月からその事由が消滅した月まで

⑩ その事由が生じた月の翌月からその事由が消滅した月まで

⑪ その事由が生じた日からその事由が消滅した日まで

⑫ その事由が生じた日の翌日からその事由が消滅した日まで

⑬ その収入が当該複数事業労働者の生計を維持する程度の最も高いもの

⑭ 当該複数事業労働者が最も長い期間勤務しているもの

⑮ 当該複数事業労働者の住所に最も近いもの

⑯ 当該複数事業労働者の労働時間が最も長いもの

⑰ 負傷、疾病、障害又は死亡の原因又は要因となる事由が生じた時点
　以前1か月の間継続して事業主が同一人でない2以上の事業に同時
　に使用されていた労働者

⑱ 負傷、疾病、障害又は死亡の原因又は要因となる事由が生じた時点
　以前3か月の間継続して事業主が同一人でない2以上の事業に同時
　に使用されていた労働者

⑲ 負傷、疾病、障害又は死亡の原因又は要因となる事由が生じた時点
　以前6か月の間継続して事業主が同一人でない2以上の事業に同時
　に使用されていた労働者

⑳ 負傷、疾病、障害又は死亡の原因又は要因となる事由が生じた時点
　において事業主が同一人でない2以上の事業に同時に使用されてい
　た労働者

第2章　労働者災害補償保険法（過去本試験問題）

解　答

A　⑳　負傷、疾病、障害又は死亡の原因又は要因となる事由が生じた時点において事業主が同一人でない2以上の事業に同時に使用されていた労働者　（則5条）

B　⑬　その収入が当該複数事業労働者の生計を維持する程度の最も高いもの　　　　　（則1条）

C　⑩　その事由が生じた月の翌月からその事由が消滅した月まで
　　　　　（法9条）

D　⑥　60　　　　　（法16条の2）

E　③　18　　　　　（法16条の2）

合格基準点　**3点以上**

158

第 2 章　労働者災害補償保険法（過去本試験問題）

159

第２章　労働者災害補償保険法(過去本試験問題)

問題9　令和４年

難易度 **B**

Check欄　A ☐☐☐　B ☐☐☐　C ☐☐☐　D ☐☐☐　E ☐☐☐

1　業務災害により既に１下肢を１センチメートル短縮していた(13級の8)
　者が、業務災害により新たに同一下肢を３センチメートル短縮(10級の7)
　し、かつ１手の小指を失った(12級の8の2)場合の障害等級は ☐ A ☐
　級であり、新たな障害につき給付される障害補償の額は給付基礎日額の
　☐ B ☐ 日分である。

　　なお、8級の障害補償の額は給付基礎日額の503日分、9級は391日分、
　10級は302日分、11級は223日分、12級は156日分、13級は101日分である。

2　最高裁判所は、中小事業主が労災保険に特別加入する際に成立する保険
　関係について、次のように判示している(作題に当たり一部改変)。

　　労災保険法(以下「法」という。)が定める中小事業主の特別加入の制度は、
　労働者に関し成立している労災保険の保険関係(以下「保険関係」という。)
　を前提として、当該保険関係上、中小事業主又はその代表者を ☐ C ☐
　とみなすことにより、当該中小事業主又はその代表者に対する法の適用を
　可能とする制度である。そして、法第3条第1項、労働保険徴収法第3条
　によれば、保険関係は、労働者を使用する事業について成立するものであ
　り、その成否は当該事業ごとに判断すべきものであるところ、同法第4条
　の2第1項において、保険関係が成立した事業の事業主による政府への届
　出事項の中に「事業の行われる場所」が含まれており、また、労働保険徴収
　法施行規則第16条第1項に基づき労災保険率の適用区分である同施行規則
　別表第1所定の事業の種類の細目を定める労災保険率適用事業細目表にお
　いて、同じ建設事業に附帯して行われる事業の中でも当該建設事業の現場
　内において行われる事業とそうでない事業とで適用される労災保険率の区
　別がされているものがあることなどに鑑みると、保険関係の成立する事業
　は、主として場所的な独立性を基準とし、当該一定の場所において一定の

第2章　労働者災害補償保険法(過去本試験問題)

組織の下に相関連して行われる作業の一体を単位として区分されるものと解される。そうすると、土木、建築その他の工作物の建設、改造、保存、修理、変更、破壊若しくは解体又はその準備の事業(以下「建設の事業」という。)を行う事業主については、個々の建設等の現場における建築工事等の業務活動と本店等の事務所を拠点とする営業、経営管理その他の業務活動とがそれぞれ別個の事業であって、それぞれその業務の中に　D　を前提に、各別に保険関係が成立するものと解される。

　したがって、建設の事業を行う事業主が、その使用する労働者を個々の建設等の現場における事業にのみ従事させ、本店等の事務所を拠点とする営業等の事業に従事させていないときは、営業等の事業につき保険関係の成立する余地はないから、営業等の事業について、当該事業主が特別加入の承認を受けることはできず、　E　に起因する事業主又はその代表者の死亡等に関し、その遺族等が法に基づく保険給付を受けることはできないものというべきである。

選択肢

① 8　　② 9　　③ 10　　④ 11　　⑤ 122
⑥ 201　　⑦ 290　　⑧ 402
⑨ 営業等の事業に係る業務
⑩ 建設及び営業等以外の事業に係る業務
⑪ 建設及び営業等の事業に係る業務　　⑫ 建設の事業に係る業務
⑬ 事業主が自ら行うものがあること
⑭ 事業主が自ら行うものがないこと　　⑮ 使用者
⑯ 特別加入者　　⑰ 一人親方　　⑱ 労働者
⑲ 労働者を使用するものがあること
⑳ 労働者を使用するものがないこと

161

第2章　労働者災害補償保険法（過去本試験問題）

解　答

A	②	9	(則14条)
B	⑦	290	(則14条)
C	⑱	労働者	(最判H24. 2 . 24)
D	⑲	労働者を使用するものがあること	(最判H24. 2 . 24)
E	⑨	営業等の事業に係る業務	(最判H24. 2 . 24)

合格基準点　3点以上

第 2 章　労働者災害補償保険法(過去本試験問題)

163

第2章　労働者災害補償保険法（過去本試験問題）

問題10　令和5年

難易度 C

Check欄　A ☐☐☐　B ☐☐☐　C ☐☐☐　D ☐☐☐　E ☐☐☐

1　労災保険法第14条第1項は、「休業補償給付は、労働者が業務上の負傷
又は疾病による　A　のため労働することができないために賃金を受
けない日の第　B　日目から支給するものとし、その額は、一日につ
き給付基礎日額の　C　に相当する額とする。ただし、労働者が業務
上の負傷又は疾病による　A　のため所定労働時間のうちその一部分
についてのみ労働する日若しくは賃金が支払われる休暇（以下この項にお
いて「部分算定日」という。）又は複数事業労働者の部分算定日に係る休業補
償給付の額は、給付基礎日額（第8条の2第2項第2号に定める額（以下こ
の項において「最高限度額」という。）を給付基礎日額とすることとされてい
る場合にあっては、同号の規定の適用がないものとした場合における給付
基礎日額）から部分算定日に対して支払われる賃金の額を控除して得た額
（当該控除して得た額が最高限度額を超える場合にあっては、最高限度額
に相当する額）の　C　に相当する額とする。」と規定している。

2　社会復帰促進等事業とは、労災保険法第29条によれば、①療養施設及び
リハビリテーション施設の設置及び運営その他被災労働者の円滑な社会復
帰促進に必要な事業、②被災労働者の療養生活・介護の援護、その遺族の
就学の援護、被災労働者及びその遺族への資金貸付けによる援護その他被
災労働者及びその遺族の援護を図るために必要な事業、③業務災害防止活
動に対する援助、　D　に関する施設の設置及び運営その他労働者の
安全及び衛生の確保、保険給付の適切な実施の確保並びに　E　の支
払の確保を図るために必要な事業である。

—— 第2章　労働者災害補償保険法（過去本試験問題）

選択肢

① 100分の50	② 100分の60	③ 100分の70				
④ 100分の80	⑤ 2	⑥ 3	⑦ 4	⑧ 7
⑨ 苦痛	⑩ 健康診断	⑪ 災害時避難				
⑫ 食費	⑬ 治療費	⑭ 賃金				
⑮ 通院	⑯ 能力喪失	⑰ 防災訓練				
⑱ 保護具費	⑲ 療養	⑳ 老人介護				

第2章　労働者災害補償保険法（過去本試験問題）

解　答

A　⑲　**療養**　　　　（**法14条**）
B　⑦　**4**　　　　　（**法14条**）
C　②　**100分の60**　（**法14条**）
D　⑩　**健康診断**　　（**法29条**）
E　⑭　**賃金**　　　　（**法29条**）

合格基準点　**当教材発刊時点では未発表**

166

第2章　労働者災害補償保険法（過去本試験問題）

167

第3章

労働基準法及び
労働安全衛生法
(過去本試験問題)

第3章　労働基準法及び労働安全衛生法(過去本試験問題)

令和5年(労働基準法及び労働安全衛生法) 難易度 C

Check欄 A☐☐☐ B☐☐☐ C☐☐☐ D☐☐☐ E☐☐☐

1　労働基準法の規定による災害補償その他の請求権(賃金の請求権を除く。)はこれを行使することができる時から｜　A　｜間行わない場合においては、時効によって消滅することとされている。

2　最高裁判所は、労働者の指定した年次有給休暇の期間が開始し又は経過した後にされた使用者の時季変更権行使の効力が問題となった事件において、次のように判示した。

　「労働者の年次有給休暇の請求(時季指定)に対する使用者の時季変更権の行使が、労働者の指定した休暇期間が開始し又は経過した後にされた場合であっても、労働者の休暇の請求自体がその指定した休暇期間の始期にきわめて接近してされたため使用者において時季変更権を行使するか否かを事前に判断する時間的余裕がなかったようなときには、それが事前にされなかったことのゆえに直ちに時季変更権の行使が不適法となるものではなく、客観的に右時季変更権を行使しうる事由が存し、かつ、その行使が｜　B　｜されたものである場合には、適法な時季変更権の行使があったものとしてその効力を認めるのが相当である。」

3　最高裁判所は、マンションの住み込み管理員が所定労働時間の前後の一定の時間に断続的な業務に従事していた場合において、上記一定の時間が、管理員室の隣の居室に居て実作業に従事していない時間を含めて労働基準法上の労働時間に当たるか否かが問題となった事件において、次のように判示した。

　「労働基準法32条の労働時間(以下「労基法上の労働時間」という。)とは、労働者が使用者の指揮命令下に置かれている時間をいい、実作業に従事していない時間(以下「不活動時間」という。)が労基法上の労働時間に該当するか否かは、労働者が不活動時間において使用者の指揮命令下に置かれて

170

第3章　労働基準法及び労働安全衛生法（過去本試験問題）

いたものと評価することができるか否かにより客観的に定まるものというべきである〔…（略）…〕。そして、不活動時間において、労働者が実作業に従事していないというだけでは、使用者の指揮命令下から離脱しているということはできず、当該時間に労働者が労働から離れることを保障されていて初めて、労働者が使用者の指揮命令下に置かれていないものと評価することができる。したがって、不活動時間であっても　　C　　が保障されていない場合には労基法上の労働時間に当たるというべきである。

　そして、当該時間において労働契約上の役務の提供が義務付けられていると評価される場合には、　　C　　が保障されているとはいえず、労働者は使用者の指揮命令下に置かれているというのが相当である」。

4　労働安全衛生法第35条は、重量の表示について、「一の貨物で、重量が　　D　　以上のものを発送しようとする者は、見やすく、かつ、容易に消滅しない方法で、当該貨物にその重量を表示しなければならない。ただし、包装されていない貨物で、その重量が一見して明らかであるものを発送しようとするときは、この限りでない。」と定めている。

5　労働安全衛生法第68条は、「事業者は、伝染性の疾病その他の疾病で、厚生労働省令で定めるものにかかった労働者については、厚生労働省令で定めるところにより、　　E　　しなければならない。」と定めている。

選択肢

① 2年　　　② 3年　　　③ 5年　　　④ 10年
⑤ 100キログラム　　⑥ 500キログラム　　⑦ 1トン
⑧ 3トン　　　　　　⑨ 役務の提供における諾否の自由
⑩ 企業運営上の必要性から　　⑪ 休業を勧奨
⑫ 行政官庁の許可を受けて
⑬ 厚生労働省令で定めるところにより
⑭ 使用者の指揮命令下に置かれていない場所への移動
⑮ その就業を禁止　　　⑯ 遅滞なく
⑰ 当該時間の自由利用　　⑱ 必要な療養を勧奨
⑲ 病状回復のために支援　　⑳ 労働からの解放

第3章　労働基準法及び労働安全衛生法（過去本試験問題）

解　答

A	①	２年	（労働基準法115条）
B	⑯	遅滞なく	（最判S57. 3. 18）
C	⑳	労働からの解放	（最判H19. 10. 19）
D	⑦	１トン	（労働安全衛生法35条）
E	⑮	その就業を禁止	（労働安全衛生法68条）

合格基準点　当教材発刊時点では未発表

社労士24

2024年受験対策
効率的に学習して「24時間で。社労士に。」

時間の達人シリーズ Web通信

「24時間で、インプット講義が完了。」
1テーマを約3分〜15分に分割！
スキマ時間を最大限活用可能。

金沢博憲 講師

「お仕事や家庭のことで時間がない」。
そのような方に合格していただきたいという思いが開発のきっかけです。コンセプトは「時間の長さ」ではなく「時間当たりの情報密度」を重視する。それが「社労士24」です。
「3時間の内容を1時間で」ご理解いただけるような講義・教材を提供いたします。

開講日・受講料（消費税込）

Web通信

■時間の達人シリーズ 社労士24

受講方法	教材発送日	受講料	
Web通信	8/24（木）より順次発送 （8/28（月）より講義配信開始）	79,800円 （大学生協等割引価格 75,810円）	入学金不要

■時間の達人シリーズ 社労士24+直前対策

受講方法	教材発送日	受講料	
Web通信	8/24（木）より順次発送 （8/28（月）より講義配信開始）	128,000円 （大学生協等割引価格 121,600円）	入学金不要

Webテストで実力確認！
科目ごとにWebテストを実施します。Webで実施するので、リアルタイムで得点を確認できます。弱点を確認して補強することで着実に実力がアップします。

全体像レクチャー
デジタルコンテンツだからこそ実現。
常に全体像が意識される展開。

O-hara micro learning
1単元は3分から15分。
スキマ時間を最大活用可能。

全科目 インプット講義が 24時間で完了
デジタルコンテンツ活用により無駄を極限まで除去。

専用レクチャーテキスト
レクチャー画面と同内容のレクチャーテキストをお手元に。

レクチャー画面 ← 同じ内容 → 社労士24専用レクチャーテキスト

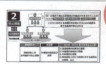

社労士24がよく分かる！
ガイダンス・体験講義も配信！

大原 社労士24 検索

Twitter
『時間の達人 社労士試験
@Sharoushi24』

本試験前最後の最終チェックに必須！
2024年受験対策 全国統一公開模擬試験

2024年社会保険労務士試験直前の実力試しに最適な「全国統一公開模擬試験」は、大原の本試験予想問題も兼ねております。毎年、模擬試験からは本試験の的中問題も数多く出題されています。

社労士本試験直前の総仕上げと実力試しに大原の全国統一公開模擬試験！

5つの特長

1. 質の高い本試験レベルの**予想問題**
2. 本試験2回分に相当する**豊富な問題数**
3. 選択肢毎に解説の付いた**充実の解答解説冊子**付き
4. 大原人気講師による**解説講義をWeb配信**
5. 多くの受験生が利用！**全国ランキング表**付き

だから本試験前は大原の模擬試験!! 過去本試験の出題傾向を大原講師陣が徹底分析して作成した予想問題による模擬試験です。高い的中率と充実の解説が毎年好評をいただいています。

■社労士試験を知り尽くした大原だから信頼度は抜群！

全国統一公開模擬試験の受験で段階的に本番力をアップ！
本番に向けて段階的に実力をアップします！

全国統一公開模擬試験Ⅰは、本試験レベルの難度の問題を、本試験と同じ時間帯で解きます。
時間配分や解く科目順番、高難度問題への対応などのシミュレーションに最適です。
全国統一公開模擬試験Ⅱでは、全国統一公開模擬試験Ⅰで見つかった課題を踏まえて受験でき、本番力完成の仕上げができます。

高難度の論点を含む本試験レベルの問題

ご自宅で受験できます！
採点を行い、個人別成績表（ランキング・総評・正答率・偏差値など）もご郵送いたします。詳細な解説冊子も付きますので安心です。

大原人気講師による解説講義をWeb配信！
大原人気講師による模擬試験の解説講義（映像）を大原ホームページでご覧いただけます。重要論点を図解を用いて解説いたします。

■全国統一公開模擬試験　実施日程

入学金不要

全国統一公開模擬試験Ⅰ 全1回	全国統一公開模擬試験Ⅰ・Ⅱセット	
7月6日(土)または7月7日(日)	全国統一公開模擬試験Ⅰ	
全国統一公開模擬試験Ⅱ 全1回	全国統一公開模擬試験Ⅱ	
7月27日(土)または7月28日(日)	受講料の詳細は2024年3月中旬完成予定の直前対策リーフレットをご覧ください。	

■案内書のご請求はフリーダイヤルで
☎0120-597-008

■最新情報はホームページで
https://www.o-hara.jp/course/sharoshi
大原　社会保険労務士　検索

正誤・法改正に伴う修正について

　本書掲載内容に関する正誤・法改正に伴う修正については「資格の大原書籍販売サイト　大原ブックストア」の「正誤・改正情報」よりご確認ください。

https://www.o-harabook.jp/
資格の大原書籍販売サイト　大原ブックストア

　正誤表・改正表の掲載がない場合は、書籍名、発行年月日、お名前、ご連絡先を明記の上、下記の方法にてお問い合わせください。

お問い合わせ方法

【郵　送】　〒101-0065　東京都千代田区西神田2-2-10
　　　　　　大原出版株式会社　書籍問い合わせ係
【Ｆ Ａ Ｘ】　03-3237-0169
【E-mail】　shopmaster@o-harabook.jp

※お電話によるお問い合わせはお受けできません。
　また、内容に関する解説指導・ご質問対応等は行っておりません。
　予めご了承ください。

合格のミカタシリーズ

2024年対策
解いて覚える！社労士 選択式トレーニング問題集③
労働者災害補償保険法

■発行年月日	2023年10月23日　改訂初版
■著　　　者	資格の大原　社会保険労務士講座
■発　行　所	大原出版株式会社
	〒101-0065
	東京都千代田区西神田1-2-10
	TEL 03-3292-6654
■印刷・製本	株式会社メディオ

※落丁本・乱丁本はお取り替えいたします。
ISBN978-4-86783-080-2　C2032

本書の全部または一部を無断で転載、複写（コピー）、改変、改ざん、配信、送信、ホームページ上に掲載することは、著作権法で定められた例外を除き禁止されており、権利侵害となります。上記のような使用をされる場合には、その都度事前に許諾を得てください。また、電子書籍においては、有償・無償にかかわらず本書を第三者に譲渡することはできません。

© O-HARA PUBLISHING CO., LTD 2023 Printed in Japan